Stefan Müller, Elia Scaramuzza

# Mündigkeit in der politischen Bildung

## Ein Gespräch über eine reflexive sozialwissenschaftliche Fachdidaktik

Bibliografische Information der Deutschen Nationalbibliothek

Die Deutsche Nationalbibliothek verzeichnet diese Publikation in der Deutschen Nationalbibliografie; detaillierte bibliografische Daten sind im Internet unter http://dnb.d-nb.de abrufbar.

Der Band wurde ermöglicht durch die großzügige finanzielle Förderung des Open Access-Publikationsfonds der Justus-Liebig-Universität Gießen sowie der Johannes Gutenberg-Universität Mainz.

© WOCHENSCHAU Verlag,
Dr. Kurt Debus GmbH
Frankfurt/M. 2024

www.wochenschau-verlag.de

Alle Rechte vorbehalten. Kein Teil dieses Buches darf in irgendeiner Form (Druck, Fotokopie oder einem anderen Verfahren) ohne schriftliche Genehmigung des Verlages reproduziert oder unter Verwendung elektronischer Systeme verarbeitet werden.

Titelgestaltung: Ohl Design
Gesamtherstellung: Wochenschau Verlag
Gedruckt auf chlorfrei gebleichtem Papier
ISBN 978-3-7344-1612-5 (Buch)
**E-Book** ISBN 978-3-7566-1612-1 (PDF)
**DOI** https://doi.org/10.46499/2175

# Inhalt

# Vorwort

Im Austausch über die Entwicklung einer reflexiven politischen Bildung entstand das vorliegende Gespräch. Ausgangspunkt war ein Podiumsgespräch zwischen Stefan Müller und Elia Scaramuzza auf der Nachwuchstagung der Gesellschaft für Politikdidaktik und politische Jugend- und Erwachsenenbildung (GPJE), die am 27./28. Februar 2020 unter dem Titel „Methoden der politikdidaktischen Theoriebildung und empirischen Forschung" an der Justus-Liebig-Universität Gießen stattfand. Dieses Gespräch fand durch weiterführende Diskussionen unserer Arbeitspapiere und Artikel schließlich die vorliegende Form.

Unser Erkenntnisinteresse zielt dabei auf das Schlüsselproblem der Mündigkeit in der politischen Bildung ab, wie es paradigmatisch in der Kritischen Theorie von Theodor W. Adorno vorliegt. An die damit verbundenen normativen, konzeptuellen, didaktischen und praktischen Möglichkeiten zu erinnern, diese freizulegen und für eine reflexive politische Bildung fort- und weiterzuentwickeln, ist das Anliegen des vorliegenden Gesprächs.

Wir danken allen Kolleginnen und Kollegen, Freundinnen und Freunden sowie den Studierenden, die unsere Überlegungen mit uns diskutiert haben. Wertvolle Hinweise haben wir zudem stets von May Jehle, Janne Mende, Kerstin Pohl, Jürgen Ritsert und Wolfgang Sander erhalten. Ihnen gebührt gesonderter Dank. Silke Schneider und Tessa Debus danken wir für die vielfältige und wohlwollende Unterstützung, die wir durch den Wochenschau Verlag erfahren. In Zeiten der zunehmenden Verantwortungsdiffusion möchten wir gleichzeitig festhalten: Für die folgenden Ausführungen liegt die Verantwortung bei uns.

*Frankfurt am Main und Köln, im Juli 2023*
*Stefan Müller*
*Elia Scaramuzza*

*„Die Frage nach der Freiheit erheischt kein Ja oder Nein, sondern Theorie, die wie über die Gesellschaft so auch über ihre Art Individualität sich erhöbe."*
*(Adorno 2001 [1964/65], 368)*

**ES:** Es gibt kaum Stimmen, die die Relevanz politischer Bildung bestreiten. Wiederkehrend wird dabei auf Mündigkeit, Reflexivität oder auch Kritik verwiesen. Was aber bedeuten diese Begriffe in der politischen Bildung? Wie kann eine reflexive politische Bildung heute konzeptuell und didaktisch gewährleistet werden? Diese Fragen möchte ich mit dir diskutieren.

**SM:** Bis heute ist das Konzept der Mündigkeit eng mit den Arbeiten der Kritischen Theorie Adornos verbunden. Adorno hat in seinem Konzept eine dialektische Argumentationsfigur von Mündigkeit begründet, die mit der Anerkennung von Autonomie in der Gestaltung von Bildungserfahrungen verbunden ist. Erstaunlich ist, dass es bislang kaum einen ausgeprägten Diskurs um die dialektische Konzeption von Mündigkeit in der politischen Bildung gibt, zumal Adorno die bis heute einflussreichen Radiovorträge vorgelegt hat, die in ‚Erziehung zur Mündigkeit' publiziert sind (Adorno 1971). Auffällig ist zudem die Diskrepanz zwischen den Verweisen auf die Bedeutung von ‚Mündigkeit' einerseits und der Leerstelle im Blick auf die inhaltlichen Bezugnahmen andererseits. ‚Mündigkeit' nicht nur zu postulieren, sondern die Struktur der Argumentationsfigur sowie die inhaltlichen Erwägungen, die darin zusammengezogen sind, freizulegen und weiter zu diskutieren, darauf zielt eine reflexive politische Bildung ab.

# 1. Mündigkeit

**ES:** Zunächst einmal lässt sich festhalten, dass es keinen ernstzunehmenden Ansatz in der politischen Bildung gibt, der nicht auf Mündigkeit abzielt; der Anspruch auf Mündigkeit ist ein konsensualer Bezugspunkt in der sozialwissenschaftlichen Fachdidaktik. Gleichwohl wird dieser Anspruch sehr unterschiedlich begründet, sei es mit Bezug auf Aufklärung, Autonomie, Emanzipation, Freiheit oder Selbstbestimmung. Was kennzeichnet Mündigkeit als Paradigma in der politischen Bildung und wie lässt sich eine mündigkeitsorientierte politische Bildung heute weiterentwickeln?

**SM:** Der Anspruch auf Mündigkeit in der politischen Bildung hat viel mit den kontrovers geführten Debatten in den 1970er Jahren zu tun. Die Kritische Theorie, namentlich Adorno, hat hier einen Horizont eröffnet, der bis heute noch nicht gänzlich eingeholt ist. In der Fachdidaktik gab es bereits etliche Anläufe dazu. Interessant ist zudem, dass der Anspruch auf Mündigkeit in der Fachdidaktik auch von denjenigen mitgeschleppt wird, die den Versionen von Mündigkeit, wie sie beispielsweise bei Kant oder Adorno begründet werden, kaum etwas abgewinnen können. Den umgekehrten Fall gibt es aber auch: Mit wehenden Fahnen und lautstarken Bekundungen von Mündigkeit können auch autonomieeinschränkende oder gesinnungsethische Standpunkte proklamiert werden. Das verweist bereits auf die Bedeutung einer reflexiven politischen Bildung. Nicht allein den Selbstverortungen, den proklamierten Ansprüchen kann vertraut werden; es kommen weitere Aspekte hinzu – sofern ein mündigkeitsorientierter Ansatz angestrebt wird.

**ES:** Eine Linie im Mündigkeitsparadigma bildet die Bezugnahme auf Emanzipation in der politischen Bildung (Mende/Müller 2009; Greco/Lange 2017). Rückblickend wird man für die Fachdidaktik wohl als erstes Schmiederer nennen können. Er ist für unsere Diskussion ein interessanter Fall, weil er bereits früh eine gesinnungsethische Linie problematisierte – die die Lernenden für ein ‚richtiges' gesellschaftspolitisches Programm instrumentalisieren will –, um dafür eine andere, weitaus bessere Begründung für die Freiheitsmöglichkeiten in und durch Gesellschaft umso prominenter zu betonen: die Anerkennung der Subjektivität, die bei Schmiederer ‚Interesse der Schüler' lautet (Schmiederer 1971, 1977; Müller/Scaramuzza 2022). Ein anderer Bezugspunkt, auf den das Konzept der Mündigkeit abzielt, ist der der Freiheit. Dieser ist vor allem mit Sander verbunden (Sander 2013b). Obwohl Schmiederer und Sander von jeweils unterschiedlichen gesellschaftstheoretischen Vorstellungen ausgehen, eint sie doch eine bestimmte Perspektive auf Mündigkeit. Im Zentrum stehen die Autonomie und die Subjektivität der Lernenden.

**SM:** Im Anspruch politischer Bildung heute, zumindest im Horizont der Mündigkeit, wird deutlich, dass es zwischen den Konzeptionen von z.B. Schmiederer und Sander, trotz unvereinbarer Annahmen der beiden, auch verbindende Momente gibt. Im Rahmen einer reflexiven politischen Bildung würde ich diese folgendermaßen charakterisieren: Wo, wie und wodurch werden die Denk-, Handlungs- und Urteilsfähigkeiten der Lernenden unterstützt und verstellt? Aus dieser Perspektive kann die für die Fachdidaktik entscheidende Differenz begründet werden: Die Unterordnung des Subjekts, genauer: der Autonomie des Subjekts *unter* politische Bildung oder die Anerkennung und Unterstützung der Autonomie des Subjekts *durch* politische Bildung. Diese Weichenstellung rückt eine reflexive politische Bildung in den Mittelpunkt. Damit wird heute auch sichtbarer, wie theoretisch, normativ, empirisch und didaktisch die Mündigkeit der Beteiligten instrumentalisiert und untergraben sowie anerkannt und gefördert wird und werden kann. Unterhalb dieser reflexiven Perspektive kann ich mir heute keine tragfähige politische Bildung mehr vorstellen. Die Zeiten, in denen ehrenwerte Ziele proklamiert wurden, sind glücklicherweise vorbei. Heute stehen Befragungs- und Reflexionsmöglichkeiten zur Verfügung, die wieder an die soziologische Tradition politischer Bildung anknüpfen.

## 1.1 Politische Bildung und ihre Instrumentalisierung: Unterordnung oder Anerkennung der Autonomie?

ES: Kannst du diese Differenz: Unterordnung oder Anerkennung der Autonomie des Subjekts bitte erläutern?

SM: Es handelt sich dabei idealtypisch um zwei unterschiedliche, auch folgenreiche Denkfiguren. In den Diskussionen um die (selbsternannte) kritisch-emanzipatorische politische Bildung flackert das zuweilen auf. Zum Zwecke der besseren Gesellschaft muss die Autonomie des Subjekts zurückgestellt werden, die Einrichtung der besseren Gesellschaft hat Vorrang und dient so als sozial akzeptiertes und legitimiertes Muster der Repression.

Die Ironie dabei ist, dass die Subjekte – und ihre Autonomie – in der kapitalistischen Gesellschaft unter Bedingungen der Wertvergesellschaftung bereits real dem Kapitalverhältnis untergeordnet sind. In der Theorie soll die Lösung dann ebenfalls lauten, dass für die zukünftige bessere Einrichtung der Gesellschaft die Autonomie der Subjekte ebenfalls untergeordnet werden muss? Mit mir jedenfalls nicht – und im Anschluss an Marx übrigens auch nicht. Die einflussreiche, aber herrschaftsblinde Erzählung, dass für die bessere Gesellschaft die Mittel den Zweck heiligen, nimmt auch in der politischen Bildung, wie nicht nur den Diskussionen der 1970er Jahre zu entnehmen ist, eine zentrale Bedeutung ein. An dieser Stelle entzweien sich dann allerdings die Wege einer weltanschaulichen und einer mündigkeitsorientierten politischen Bildung, die Horizonte der Freiheit eröffnet und vertieft – und sind dann auch nicht mehr miteinander vereinbar.

**ES:** Du hast soeben die Seite der Unterordnung der Autonomie, eine weltanschauliche politische Bildung beschrieben. Wie kann demgegenüber die Anerkennung, ein mündigkeitsorientierter Horizont in der politischen Bildung heute genauer gefasst werden?

**SM:** Bei Adorno, sicherlich kein Vertreter konkretistischer Utopien, finden sich deutliche Hinweise, welche Voraussetzungen und Ziele in eine mündigkeitsorientierte politische Bildung eingehen. Dabei geht es Adorno auch darum, die theoretischen Mittel selbst zu untersuchen, die zur Beschreibung, zur Analyse und zur Kritik angewandt werden: Wie gehen die gesellschaftlichen Bedingungen in die Begriffe selbst ein, wie tragen Theorie und empirische Analysen dazu bei, die sozialen Ein- und Ausschlussmechanismen oder gar Ressentiments zu problematisieren bzw. zu legitimieren? Streng dialektisch fragt Adorno stets danach, wie Theorie und Empirie mit Aufklärung, Kritik und Reflexion verbunden sind. Als Kritischer Theoretiker hat Adorno dazu zwei entscheidende Voraussetzungen in Anspruch genommen. Erstens schließt er an die Tradition der Dialektik an, freilich in einer Variante, die das mündigkeitsorientierte Paradigma ausbaut (Müller 2023). Er hat das Gegenmodell des Proletariats in Herrschaftsfunktion vor Augen, in der die Dialektik zur Staatsdoktrin geriet. Zweitens trifft Adorno eine weitere wegweisende Entscheidung: Die Legitimierungen sozialer Ungleichheiten, Ideologien und Ressentiments bleiben nicht nur Ordnungstheorien vorbehalten, sondern auch die emanzipatorisch orientierten Theorien werden aus der Perspektive Kritischer Theorie daraufhin diskutiert und kritisiert, was sie zur Rechtfertigung und Legitimierung sozialer Ein- und Ausschlussmechanismen beitragen, beabsichtigt und unbeabsichtigt – unabhängig von den Intentionen der Autor/-innen. Die reflexive Wendung, die damit verbunden ist, befragt politische Bildung darauf, wie sie zur Verhinderung und zur Unterstützung von gesellschaftlichen und individuellen Freiheitsmöglichkeiten beiträgt.

**ES:** Auch der gute Anspruch auf Mündigkeit schützt nicht davor, die Lernenden unbeabsichtigt zu indoktrinieren oder zu instrumentalisieren. Einfacher lässt sich dies bei ‚den anderen' verorten, die nicht den ‚richtigen' theoretischen oder didaktischen Konzepten folgen. Die Herausforderung besteht also darin, sich dafür zu öffnen, dass auch das eigene professionelle Denken und Handeln zwar mit guten Absichten, aber auch mit nicht-intendierten Effekten verbunden sein kann, die sich möglicherweise sogar zuerst im Nachhinein zeigen.

**SM:** Das macht die Kritische Theorie bis heute so anstößig. Den anderen jeweils vorzurechnen, warum ihre theoretischen oder normativen Annahmen verkürzt und verblendet, ideologisch borniert und in jedem Falle den eigenen Vorstellungen unterlegen sind, ist zumindest im Horizont der Kritischen Theorie ein Vorhaben, das getrost als unkritisch bezeichnet werden darf: „Zu allen Zeiten hat das Gute die Spuren der Unterdrückung gezeigt, der es entsprang" (Horkheimer 2007 [1967], 177).

Das Konzept der Mündigkeit von Adorno befragt aus einer dialektischen Perspektive alle Theorien und Denkfiguren darauf, was sie (nicht) zum Ausbau gesellschaftlicher Freiheit betragen. Adorno interessieren dabei auch und gerade diejenigen, die unter der Flagge der Emanzipation segeln. Die Idee dabei ist: Wenn hier die Voraussetzungen erkannt und extrapoliert werden können, die (nicht) zur ‚versöhnten Gesellschaft' beitragen, dann wäre ein Schritt aus der Vorgeschichte möglich. Adorno weiß natürlich nur zu genau, dass dies so unvermittelt nicht möglich ist. Im Fokus auf das Scheitern von Emanzipationsbestrebungen wird auch genauer sichtbar, warum und wie diese scheitern. Hier zeigt sich die Stärke des Umkehrschlusses: Wenn wir genauer wüssten, wie Freiheits- und Bildungsmöglichkeiten wann und warum scheitern, könnte aus diesen Erfahrungen gelernt werden.

Mit diesen Überlegungen verbindet Adorno ein dialektisches Konzept von Autonomie, das im mündigkeitsorientierten Paradigma grundlegend ist. Es bildet den Hintergrund, warum Adorno so stark auf die gesellschaftlichen Rahmenbedingungen, die Struktur abhebt. Ihn interessiert, wie die gesellschaftlichen Bedingungen zur Unterstützung und Förderung von Autonomie beitragen und wie sie diese untergraben, instrumentalisieren. Hier zeichnet sich wiederum der dialektische Argumentationsstil Adornos ab, der die Subjekte und ihre Autonomie, obwohl und weil es sich um Autonomie in, durch und unter gesellschaftlichen Bedingungen handelt, nicht den theoretisch elaborierten Legitimierungen und Rationalisierungen opfert und unterordnet, die mit dem Versprechen auf Aufklärung das genaue Gegenteil anstreben oder bewirken. Adorno greift dabei auf Bezugspunkte zurück, die für ihn zentral sind und die in traditioneller (szientistischer, positivistischer) Theorie thematisch gar nicht auftauchen: „Friede ist der Stand eines Unterschiedenen ohne Herrschaft, in dem das Unterschiedene teilhat aneinander" (Adorno 1997c [1969], 743). Von einer Unterordnung der Subjekte und ihrer Autonomie will er nichts wissen, zu Recht! Hinzu kommt, dass es sich im mündigkeitsorientierten Paradigma nach Adorno um eine Konzeption handelt, die darauf reflektiert, dass die Barbarei bereits stattgefunden hat und nicht auszuschließen ist, dass ‚ähnliches geschehe' (Adorno 1966, 358).

**ES:** Du hebst damit auch auf die Relevanz von bildungs- und subjekttheoretischen Annahmen vor dem Hintergrund soziologischer Bezüge in der politischen Bildung ab. Soziologische Perspektiven in der politischen Bildung sind marginalisiert

(Müller/Keller 2020; Strübing 2023); ihr Einbezug ist aber notwendig, um den Gesellschaftsbezug in der politischen Bildung in den Blick nehmen zu können. Auch die kritisch-emanzipatorische politische Bildung problematisiert die Vernachlässigung und den fehlenden Einbezug von ‚Gesellschaft' in der Fachdidaktik.

**SM:** Sicherlich, aber mit welchen Argumenten und Denkfiguren? Sander hat hier vor zehn Jahren bereits auf das Problem der „Gesinnungs- oder Bekenntnisgemeinschaft" (Sander 2013a, 246) hingewiesen, das selbsternannten Positionierungen zukommen kann. Zur politischen Haltung gehört eine selbsternannte Positionierung dazu. Für eine professionalisierte Fachdidaktik wird das nicht ausreichen (May 2021). Die Kritische Theorie, die das mündigkeitsorientierte Paradigma maßgeblich weiterentwickelt hat, ist vor allem dadurch gekennzeichnet, dass durchgehend ein dialektischer Argumentationsstil beibehalten und ausgeführt wird. Im mündigkeitsorientierten Paradigma geht es gerade nicht darum, die Subjekte, die Lernenden den eigenen Vorstellungen unterzuordnen, sondern die Freiheitsmöglichkeiten aller Beteiligten in und durch die „Gestaltung von Lernumgebungen" (Sander 2016) zu unterstützen. Das sind zwei grundsätzlich andere Denkfiguren, die sich an einer Stelle ausschließen, nämlich an der Frage: Wird die Autonomie der Lernenden anerkannt oder wird diese untergeordnet?

**ES:** In der Linie der Autonomie, der Eigen- und Selbständigkeit wird dann auch eingeholt, dass Lernende auf politische Bildungsangebote unterschiedlich reagieren können. Eine reflexive politische Bildung berücksichtigt so systematisch die Autonomie – und fördert, unterstützt und vertieft sie darüber. Zudem können so Perspektiven problematisiert werden, die den Bildungs- und Subjektbezug ausklammern, weil sie versuchen, die Einrichtung der besseren Gesellschaft unter Preisgabe subjektiver Autonomie zu verwirklichen.

**SM:** Diese Einsicht halte ich für die fachdidaktischen Diskussionen für unhintergehbar, allerdings unter den sich nun immer deutlicher abzeichnenden mündigkeitsorientierten Voraussetzungen. Für eine professionalisierte Fachdidaktik gehört dazu die Reflexion auf die (eigenen) normativen Annahmen, um begründet Lernumgebungen und Bildungserfahrungen gestalten zu können – und nicht reflexhaft.

**ES:** Umgekehrt heißt das aber auch, den Gesellschaftsbezug politischer Bildung nicht auszublenden, sondern offen zur Diskussion zu stellen (Pohl 2018; Scaramuzza 2019). Bildungsprozesse sind stets in gesellschaftliche Bedingungen eingebettet, die die Freiheitsmöglichkeiten der Einzelnen und je aller erweitern, verstellen und auch begrenzen können. Darauf hat schon Adorno reflektiert, wenn er daran erinnert, dass Bildung nicht nur von der Idee der Autonomie getragen ist, sondern auch auf Heteronomie verweist, „auf Strukturen einer dem je Einzelnen gegenüber vorgegebenen, in gewissem Sinn heteronomen und darum hinfälligen Ordnung, an der allein er sich zu bilden vermag" (Adorno 1997d [1959], 104). Aus den gleichen Gründen legt Schmiederer eine gesellschaftstheoretische Fundierung seiner Subjektorientierung vor, die in aktuellen Entwürfen des didaktischen Prinzips jedoch in den Hintergrund zu geraten droht (Hedtke 2011; Müller/Scaramuzza 2022). Unsere Arbeiten zu den Rahmenbedingungen des pädagogischen Raums in der politischen Bildung (u.a. Müller/Scaramuzza 2023) widmen sich ebenfalls dieser Herausforderung. Damit politische Bildung ihren eigenen Anspruch auf Mündigkeit nicht zu unterlaufen droht, ist es demnach erforderlich, Gesellschaftstheorien einzubeziehen und zur Verfügung zu stellen – und dies gleich in doppelter Hinsicht: als Perspektive auf die Gegenstände und Inhalte der politischen Bildung und als Reflexionsmöglichkeit über die Bedingungen von Bildungsprozessen und damit der eigenen Bildungsangebote. Hinzu kommt, dass alle didaktischen Überlegungen implizit oder explizit von gesellschaftstheoretischen Annahmen getragen sind, selbst wenn eine gesellschaftstheoretische Perspektive abgelehnt wird (Pohl 2018). Auch aus diesem Grund stellt sich also die Frage: wieso diese nicht offen, kontrovers und multiperspektivisch diskutieren? Dann können auch die Größen und Grenzen von didaktischen Konzeptionen genauer konturiert und die fachdidaktischen Theoriediskussionen produktiv weitergeführt werden – sofern es nicht bei einem dichotomen Entweder-oder verbleibt.

**SM:** Erfreulicherweise nehmen solche Diskussionen mittlerweile erheblich Fahrt auf. Zugespitzt lautet die Diagnose hier: Die politische Bildung wollte einige Jahrzehnte lang von der Wissenschaft der Gesellschaft, der Soziologie kaum etwas wissen und hat davon Abstand genommen – aus unterschiedlichen Gründen. Aber heute muss man feststellen, dass eine sozialwissenschaftliche Didaktik ohne soziologisches Wissen kaum zukunftsfähig ist.

**ES:** Ein Grund für diesen Abstand kann darin liegen, dass soziologisches Wissen in der politischen Bildung häufig mit Gesellschaftstheorie assoziiert wurde, die den Bildungsbezug ausklammert – nicht nur zu Unrecht. Es heißt nicht umsonst ‚politische Bildung' und nicht ‚bildende Politik'. Gleichzeitig hält man sich damit aber auch unliebsame Diskussionen über die soziologischen Bezüge einer Didaktik der Sozialwissenschaften vom Leib. Die Bedingungen von Bildung und die stillschweigenden Annahmen der jeweils eigenen Theorie rücken dann in den Hintergrund – was für die Bildungsperspektive kaum förderlich ist. Das alles führt uns zu einer der zentralen Herausforderungen der politischen Bildung, zum spannungsreichen Verhältnis von Bildung und Politik. Die Frage ist hier: In welchem Modus bewegen sich die Angebote – in dem der Bildung, der Politik oder dem vermittelten der politischen Bildung?

**SM:** Hier nun bewährt sich der Bezug auf Mündigkeit, der die strukturelle Differenz umschließt, die eine professionalisierte Fachdidaktik prägt: die Einheit in der Trennung der Logik der Bildung und der Politik. In einer reflexiven politischen Bildung wird diese Einheit durch die Bezugnahme auf Mündigkeit gestiftet. Dabei wird dem Umstand Rechnung getragen, dass die Differenzen einer Logik der Bildung und einer politischen Logik in bestimmten Hinsichten eben gegensätzlich sind. Beide haben ihre Berechtigung für die jeweiligen Gegenstandsbereiche, nur die unreflektierte Vermischung schadet beiden beträchtlich.

Politische Bildung bewegt sich im Spannungsverhältnis von ‚Bildung' und ‚Politik'. Aus einer dichotomen Perspektive *müssen* Spannungsfelder aufgelöst werden, zumal das Aushalten von Ambiguitäten den eigenen politischen und normativen Grundüberzeugungen widerspricht. Aus einer reflexiven Perspektive *kann* und *muss* das Spannungsverhältnis nicht aufgelöst, sondern ausgehalten und ausgestaltet werden. Das ausgehaltene und ausgestaltete Spannungsverhältnis ist geradezu der Pfad der Mündigkeit, auf dem die individuellen und gesellschaftlichen Freiheitsmöglichkeiten gefördert, vertieft und ausgebaut werden können und nicht weiter erodieren, abgebaut und untergraben werden.

Die genuine Stärke der politischen Bildung im Sinne der Mündigkeit wird erst aus der Einheit der Trennung der beiden Felder erhalten. Das macht eine reflexive politische Bildung spannend und anspruchsvoll. Die dürren Hinweise, die sich aus Weltanschauungen speisen, scheitern an dieser Stelle. In der mündigkeitsorientierten Linie geht es darum, das Spannungsfeld von Politik und Bildung auszugestalten, um es nicht eindimensional aufzulösen – zu Gunsten der einen, zu Ungunsten der anderen Seite.

Unhintergehbar bleibt dabei immer, dass die politische Bildung die Auseinandersetzung und Entscheidung den Lernenden nicht vorwegnimmt.

ES: Das Verhältnis von Bildung und Politik in der Gesellschaft kann damit nicht einseitig aufgelöst werden, weil politische Bildung von der Spannung dieser Momente lebt. Eine reflexive politische Bildung bewegt sich im Modus der Mündigkeit; es geht um die gegenseitige Befragung und Distanzierung individueller und gesellschaftlicher Vorstellungen aus Perspektive der Mündigkeit.

## 1.2 Identitätspolitische Verlockungen

ES: Aktuell treten auch vermehrt identitätspolitische Verortungen in der politischen Bildung auf. Offensichtlich ist, dass es sich hierbei um ein gesellschaftspolitisches Konfliktthema handelt. Vielfach wird Identitätspolitik dabei als moralisierend, ja, herrschaftsförmig problematisiert (Sander 2021; Sander 2022b). „Ich bin ein weißer schwuler Mann", „ich bin eine schwarze heterosexuelle Frau mit Arbeiter/-innenhintergrund" lauten dann die Angaben, mitsamt dem Hinweis, welche Privilegien man habe und in welcher Hinsicht die eigene Perspektive entlang bestimmter Kategorien unterdrückt ist oder herrschaftsförmige Effekte aufweisen könnte. Das kann rasch zu Schablonen führen, in denen Menschen nur noch entlang bestimmter Identitäts- und sozialer Differenzkategorien betrachtet werden. Die Komplexität der eigenen Erfahrungen, das eigene Denken und Begehren auch und gerade im Verhältnis zu gesellschaftlichen Positionszuweisungen, in die die Menschen eingepresst werden, gerät so mitunter in den Hintergrund und die Autonomie der Subjekte wird mit den gesellschaftlichen Rollenzuweisungen gleichgesetzt. Menschen in marginalisierten sozialen Positionen sind dann ausschließlich ‚Unterdrückte', solche in privilegierteren ausschließlich ‚Unterdrücker' – einschließlich kurioser Begleiterscheinungen wie einem Unterdrückungswettbewerb, in dem darum konkurriert wird, wer am meisten benachteiligt ist und wem darüber die Deutungshoheit zukommt. Auch das ist ein Versuch, die Autonomie und Freiheit zu instrumentalisieren und für die eigenen gesellschaftspolitischen Zwecke zu missbrauchen.

Mir scheint, dass die (unbeabsichtigte) Herrschaftsförmigkeit von Identitätspolitik jedoch nur die eine Seite darstellt. Nicht selten wird der Versuch der Einzelnen, ihre gesellschaftliche Bedingtheit zu reflektieren und Handlungsfähigkeit zu gewinnen, mit Rückgriff auf eine sogenannte ‚Identitätspolitik' verurteilt (kritisch hierzu Achour 2022, 371). Gleichzeitig zielt eine mündigkeitsorientierte politische Bildung, wie sie uns vorschwebt, ja auf eine Reflexion der Erweiterung und Verhinderung von Denk-, Handlungs- und Urteilsmöglichkeiten in und durch die gesellschaftlichen und institutionellen Bedingungen und Strukturen ab. An dieser Stelle wird das produktive Potenzial von reflexiven Perspektiven sichtbar: Die autonomieförderlichen Momente von Identität können darin liegen, zu reflektieren, inwiefern die eigene Subjektivität gesellschaftlich vermittelt ist, wie sie von gesellschaftlichen und sozialen Verhältnissen hervorgebracht, bedingt, auch eingeschränkt und zugerichtet wird. Das kann nicht nur Tendenzen entgegenwirken, Individuen für gesellschaftliche und soziale Probleme verantwortlich zu machen; es eröffnet mir als Subjekt auch neue Denk-, Handlungs- und Urteilsmöglichkeiten. Wir beide haben das zuletzt anhand digitaler Bildungsmaterialien zur geschlechterreflexiven Bildung diskutiert (Müller/Scaramuzza 2023). Die Bezugnahme auf Identität kann also durchaus autonomieförderlich sein – sie muss es aber nicht (Müller/Mende 2016, 8 ff.). ‚Identitätspolitik' rekurriert dann auf die instrumentalisierenden Bezugnahmen auf Identität.

**SM:** Wir haben es hier wieder mit den Herausforderungen des Determinismus zu tun: Was wird wie durch Selbst- und Fremdzuschreibungen bestimmt? Welche Vermittlungsschritte werden zwischen gesellschaftlichen, auch strukturell zugewiesenen Positionierungen und der individuellen Autonomie (nicht) einbezogen? Je marionettenhafter ein solches Modell gedacht wird, umso stärker werden die Momente von Autonomie, von Eigenständigkeit in den Hintergrund rücken. Auch hier kommen wir auf die grundlegende Differenz zurück, auf die eine reflexive politische Bildung abhebt: Anerkennung oder Subsumtion der Subjektivität zum Zwecke der besseren Gesellschaft? Die Folgen sind jeweils ebenso weitreichend wie gravierend. Sander hat diese für die politische Bildung skizziert (Sander 2021), Scherr für Politikkonzepte:

> „Eine Gemeinsamkeit zwischen bürgerlich-liberalen und emanzipatorisch-linken Politikkonzepten besteht [...] darin, dass sie im Grundsatz eine Gesellschaft anstreben, in der die Freiheit der Individuen als zentraler Wert betrachtet wird. Das unterscheidet sich von solchen Politikkonzepten, die kollektive Identitäten und Interessen als vorrangig betrachten und die Würde des Individuums und individuelle Rechte demgegenüber als nachrangig oder vernachlässigbar einordnen. Mit der Unterscheidung demokratische Mitte vs. linker und rechter Extremismus sind diese Unterschiede nicht zu fassen, und auch nicht mit einem einfachen Links-Rechts-Schema. Folglich kann Identitätspolitik nicht generell als progressiv oder reaktionär bzw. als links oder rechts gelten, und sie ist auch nicht notwendig Bestandteil autoritärer oder demokratischer Gesellschaftsmodelle“ (Scherr 2021, 356).

**ES:** Vor diesem Hintergrund störe ich mich auch an der Bezeichnung ‚Identitätspolitik‘, obwohl es gegenwärtig vielleicht keinen besseren Begriff für die instrumentalisierenden Tendenzen der Bezugnahmen auf Identität gibt. Durch ihn ist ‚Identität‘ einseitig negativ konnotiert, so als wäre es verwerflich, die eigene gesellschaftliche Bedingtheit zum Ausgangspunkt und Gegenstand von Politik zu machen. Es darf nur eben nicht der alleinige Bezugspunkt sein und muss prozesshaft, offen bleiben.

**SM:** Die Offenheit ist der eine Punkt, an dem sich die Einschränkungen bzw. die Möglichkeiten von identitätspolitischen Verortungen weiterführend problematisieren und diskutieren lassen. Ein weiterer ist der Kurzschluss, in dem von der gesellschaftlichen Situierung unmittelbar auf das Denken der davon Betroffenen geschlossen wird. Jessica Benjamin, eine feministische Psychoanalytikerin, bemerkte dazu bereits Ende der 1980er Jahre:

> „[Es] ist überhaupt eine Schwäche aller radikalen Politik gewesen: die Unterdrückten zu idealisieren, als ob deren Politik und Kultur von den Auswirkungen der Herrschaft ganz frei blieben, als ob die Menschen nicht an ihrer Unterjochung mitwirkten. Herrschaft aber auf eine simple Beziehung zwischen Täter und Opfer zu reduzieren, heißt, die Analyse durch moralische Empörung zu ersetzen" (Benjamin 1990, 13).

**ES:** Die Unterdrückten denken durch ihre Unterdrückungserfahrung nicht automatisch befreiungstheoretisch und die Privilegierten wegen ihrer Privilegien nicht notwendig herrschaftsförmig. Auch das Gegenteil kann der Fall sein. Das führt uns wieder zur Negativfolie des Proletariats in Herrschaftsfunktion. Sigmund Freud und Anna Freud haben den Mechanismus der ‚Identifizierung mit dem Angreifer' (Freud 2012 [1936]) herausgearbeitet, in der die Gewalt, die Unterdrückungserfahrung von den Unterdrückten angenommen und weitergegeben wird.[1] Außerdem ist die Gruppe ‚der Unterdrückten' nicht homogen, sondern selbst entlang von Macht-

---

1 Vgl. instruktiv dazu, generell zum psychoanalytischen Wissen: Rätsel des Unbewußten. Podcast zur Psychoanalyse und Psychotherapie. Folge 15: Sympathy with the Devil – oder: Die Identifikation mit dem Angreifer. https://psy-cast.org/de/folge-15-sympathy-with-the-devil-oder-die-identifikation-mit-dem-angreifer/ (letzter Abruf: 20.7.2023).

und Herrschaftsverhältnissen situiert. Auch hier zeigt sich, dass Politik und Kultur der Unterdrückten nicht ‚von den Auswirkungen der Herrschaft frei bleiben', sondern diese ‚an ihrer Unterjochung mitwirken'. Gleichzeitig finde ich es auch schwierig, Unterdrückte für ihre Unterdrückung selbst verantwortlich zu machen. Darum geht es Benjamin aber nicht, wenn sie problematisiert, dass Herrschaft auf eine Täter-Opfer-Beziehung reduziert wird und den Betroffenen darüber Autonomiemöglichkeiten abgesprochen werden.

**SM:** Auch hier bewährt sich die Frage: Reden wir über das Feld der Politik oder das Feld der Bildung? Je nachdem würden meine Antworten anders ausfallen. Für die Gestaltung von Bildungserfahrungen unter institutionellen Bedingungen, wie sie die Schule vorgibt, wird eine identitätspolitische Verortung vor dem Hintergrund mündigkeitsorientierter Bildungserfahrungen befrag- und distanzierbar bleiben müssen. Diese Differenzierung ist und bleibt für die politische Bildung die Geschäftsgrundlage.

**ES:** In Diskussionen um Emanzipation und Identitätspolitik gerät sie aber nur allzu schnell in Vergessenheit. Einer reflexiven politischen Bildung geht es eben nicht darum, die Beteiligten für die eigenen gesellschaftspolitischen Ziele zu gewinnen, sondern offene Erfahrungs- und Reflexionsräume zur Verfügung zu stellen, in denen die Annahmen, Folgen und Effekte dieser Ziele überhaupt befragbar werden und bleiben. Es ist für eine reflexive politische Bildung eminent wichtig, gesellschaftliche und soziale Macht- und Unterdrückungsverhältnisse zu thematisieren. Die Frage ist aber: wie? Argumentiere ich dichotom-reflexhaft oder reflexiv? Erkenne ich die Subjektivität der Individuen an oder sollen diese sich den gesellschaftlichen Prozessen und Verhältnissen, also meinen Vorstellungen davon, unterordnen?

Reflexive Perspektiven auf Identität weisen aus meiner Sicht daher folgende Merkmale auf: Sie reflektieren auf die gesellschaftliche und soziale Bedingtheit von Identität und übertragen einzelnen Individuen nicht die alleinige Verantwortung für strukturelle Probleme. Bei aller Differenz in den gesellschaftlichen Erfahrungen, die Identitäten fassen wollen, gibt es auch Gemeinsamkeiten, die Möglichkeit der Verständigung und einer geteilten Perspektive. Umgekehrt ist auch die Vorstellung, dass alle, die eine gemeinsame ‚Identität' haben, auch die gleiche Erfahrung teilen, eine Illusion. Nicht alles lässt sich feinsäuberlich in weiß/schwarz bzw. People of Color, Arbeiter/Akademikerin, männlich/weiblich, hetero-/homosexuell usw. aufteilen, sondern geht darüber hinaus, liegt dazwischen, tritt vermittelt auf. Das verweist auf ein weiteres Merkmal: Reflexive Perspektiven beziehen sie sich auf ein offenes, nicht auf ein deterministisches Modell von Identität. Das bedeutet: Ich bin nicht auf eine bestimmte Identität verpflichtet, zumal sich Identitäten ändern und erweitern können und nicht ein für alle Mal festgeschrieben sind, was nicht heißt, dass sie beliebig oder willkürlich sind.

SM: Und vor allem: Meine Identität wird nicht instrumentalisiert. Die entscheidende Differenz ‚Anerkennung oder Unterordnung der Autonomie des Subjekts' gilt auch für die mündigkeitsorientierte Auseinandersetzung mit Identität. Eine reflexive Perspektive begründet stets die Anerkennung von Autonomie.

## 1.3 Die (mindestens) zwei Modelle von Mündigkeit

ES: Wir haben bislang diskutiert, inwiefern die Autonomie, die Mündigkeit der Subjekte eine zentrale *Voraussetzung* einer jeden mündigkeitsorientierten politischen Bildung darstellt, die anerkannt werden muss. Zugleich ist Mündigkeit auch *Ziel* politischer Bildung, wenn die Mündigkeit der Lernenden ausgebaut und gefördert werden soll. Fragt sich nur: wie und wodurch? Spätestens hier berühren wir das Verhältnis von Autonomie und Heteronomie, Selbst- und Fremdbestimmung, in das die politische Bildung eingebettet ist und das eine reflexive politische Bildung auf eine ganz bestimmte, überaus produktive Weise auszugestalten erlaubt. Mindestens zwei Modelle von Mündigkeit lassen sich hier unterscheiden: eine dichotome und eine nicht-dichotome, reflexive Variante. Lass uns mit der ersten beginnen. Die dichotome Konzeption von Mündigkeit besteht darin, Selbst- und Fremdbestimmung gegeneinander zu stellen und darin zu verharren: *entweder* Fremdbestimmung *oder* Selbstbestimmung. Die dichotome Annahme lautet hier: Institutionelle und strukturelle Rahmenbedingungen stehen der Mündigkeit zwangsläufig und jederzeit entgegen.

**SM:** Üblicherweise und aus guten Gründen wird Fremdbestimmung als die problematische Seite wahrgenommen, während Selbstbestimmung die unterstützenswerte Seite ausmacht. Die Gestaltung mündigkeitsorientierter Bildungserfahrungen in institutionellen Bildungskontexten ist jedoch strukturell anders gerahmt. Fremdbestimmung muss in pädagogischen Kontexten nicht ausschließlich Repression und Unterdrückung von Eigenständigkeit in erzwungenen Handlungen bedeuten, obwohl und weil sie das sicherlich empirisch viel zu oft tut (vgl. instruktiv dazu Hafeneger 2013). Denn Fremdbestimmung kann auch zur Unterstützung von Autonomie beitragen. Das ist zunächst einmal ein überaus kontraintuitiver Gedanke, der in der Dichotomie von Selbst- oder Fremdbestimmung nicht auftaucht. Die dichotome Annahme, Fremdbestimmung bedeute ausschließlich Repression, ist so nicht einfach falsch, sondern eindimensional verkürzt. Wird darin verharrt, kann das Potential der Gestaltung von mündigkeitsorientierten Bildungserfahrungen kaum ausgeschöpft werden. Eine reflexive Perspektive geht darüber hinaus und nimmt Differenzierungen vor, die Dichotomien gehörig durcheinanderbringen. Dann zeigt sich, dass Selbstbestimmung auf fremdbestimmte Bedingungen angewiesen ist, weil letztere Autonomie nicht nur untergraben, sondern auch unterstützen können.

**ES:** Entscheidend für eine reflexive politische Bildung ist demnach der Fokus darauf, dass Fremdbestimmung nicht ausschließlich und notwendigerweise die Einschränkung der Denk-, Handlungs- und Urteilsmöglichkeiten der Beteiligten bedeuten muss. Umgekehrt kann der einseitige Fokus auf Fremdbestimmung jedoch auch den Weg in die Rationalisierung von repressiven Lernsettings bahnen. Aus einer unreflektierten Überzeugung werden dann die eigenen Annahmen den Lernenden fremdbestimmt übergestülpt.

**SM:** Die Autorengruppe Fachdidaktik hat die Probleme hier klar benannt: Die didaktisch und theoretisch erhebliche Herausforderung, dass die eigenen ‚guten' Annahmen weder automatisch noch deterministisch den Weg zur Mündigkeit ebnen, wird im Rahmen einer reflexiven politischen Bildung in den Mittelpunkt gerückt. Sichtbar wird dann auch, dass die ernsthafte Vertiefung und das Sich-Einlassen auf die Herausforderungen der Gestaltung von mündigkeitsorientierten Bildungserfahrungen in ein ganz spezifisches Spannungsfeld führt, das erst aus einer strukturell und normativ differenzierten Perspektive in den Blick gerät:

> „Mündigkeit durch Pädagogisierung qua Pflichtschule ist ein spannungsreiches, womöglich widersprüchliches Vorhaben. Denn sie versetzt die Subjekte zunächst in einen organisierten Modus von Abhängigkeit, Anweisung und Unterweisung (Vormundschaft), damit sie dadurch demnächst mündig(er) werden" (Autorengruppe Fachdidaktik 2016, 14).

**ES:** An dieser Stelle zeichnet sich also eine zweite, nicht-dichotome, reflexive Konzeption von Mündigkeit ab. Die Argumentationsfigur lautet dann nicht ‚Selbst- *oder* Fremdbestimmung', sondern ‚Selbst- *durch* Fremdbestimmung'.

**SM:** Mit der Figur ‚Selbst- durch Fremdbestimmung' kann die Struktur, die hier im Hintergrund wirkt, präziser diskutiert werden. Vor allem können damit eine ganze Reihe von zentralen Fragen politischer Bildung heute ausgebaut und vertieft werden. Strukturell treten Lehrende den Lernenden auch stets fremdbestimmt gegenüber, unabhängig von den eigenen Intentionen. Das interessante ist, dass weder mit guten noch mit schlechten Absichten die Struktur von Selbst- und Fremdbestimmung dichotom aufgelöst werden kann. Auch die gutwilligsten Lehrenden kommen nicht umhin, mit den fremdbestimmten Momenten in der institutionell organisierten Gestaltung von Bildung einen Umgang zu finden. Umgekehrt gilt: Alle Lösungsmöglichkeiten, die Fremdbestimmung in Anspruch nehmen, prallen auf Möglichkeiten zur Selbstbestimmung, die noch in den widrigsten Institutionen der Bildung vorhanden sind, seien diese auch noch so rudimentär.

Die Herausforderung einer mündigkeitsorientierten politischen Bildung besteht so gesehen darin: Wie gestalte ich mündigkeitsorientierte (selbstbestimmte) Bildungserfahrungen unter fremdbestimmten Bedingungen, wie sie durch Schulpflicht, Benotung und Bewertung sowie curriculare Vorgaben die didaktische Gestaltung von Bildungserfahrungen rahmen? Dichotom ist die Antwort auf diese Frage einfach. Dann kann Selbstbestimmung und Fremdbestimmung im Unterricht fein säuberlich getrennt und unterschieden werden. Ein entscheidender Übergang in eine reflexive politische Bildung besteht nun darin, die beiden entgegenstehenden Momente nicht einfach auf die beiden Seiten der Medaille zu verteilen. In und durch eine dichotome Aufteilung scheint es so, als ob die autonomieförderlichen Momente allein der Selbstbestimmung und die autonomieeinschränkenden ausschließlich der Fremdbestimmung zugeordnet werden können. Unter institutionellen Bedingungen ist das aber eine Fiktion, ein falsches Versprechen. Denn all die pädagogischen Methoden und Aktivitäten, die zur Selbstbestimmung anregen sollen, laufen unter institutionellen Bedingungen von Bildung auch stets als fremdbestimmte ab.

Die Rahmenbedingungen gehen der Selbstbestimmung voraus, prägen diese bis ins Innerste.

**ES:** Eine reflexive politische Bildung bezieht daher die immer zugleich fremdbestimmten Rahmenbedingungen für die Organisation von selbstbestimmten Bildungserfahrungen mit ein.

**SM:** Hier öffnet sich das weite Feld der Unterstützung und Untergrabung von Mündigkeit. Eine reflexive politische Bildung wird daran orientiert sein, die Gestaltung von Lernumgebungen aus der Perspektive von Fremd- als Selbstbestimmung bzw. Selbst- durch Fremdbestimmung zu konzeptualisieren – und damit Argumentationsfiguren in Anspruch nehmen, die der dialektischen Konzeption von Mündigkeit bei Adorno entnommen sind.

**ES:** Das besondere Potenzial dialektischer Argumentationsfiguren werden wir noch ausführlicher diskutieren. Festhalten können wir zunächst, dass das Nachdenken über Mündigkeit im Spannungsfeld von Selbst- und Fremdbestimmung bereits bei Adorno in einer prägnanten, weiterführenden Figur auftaucht; diese lässt sich aber historisch noch viel weiter zurückverfolgen.

**SM:** Diese Überlegungen sind keineswegs neu, nur in den letzten Jahrzehnten in der politischen Bildung in den Hintergrund gerückt. Damit rücken jedoch auch bestehende Problemlösungsmöglichkeiten aus dem Blickfeld. In der langen Tradition des Nachdenkens über die Gestaltung von Bildungserfahrungen steht die Verhältnisbestimmung von Selbst- und Fremdbestimmung wiederkehrend im Mittelpunkt. Schon Kant bemerkte dazu:

> „Eines der größten Probleme der Erziehung ist, wie man die Unterwerfung unter den gesetzlichen Zwang mit der Fähigkeit, sich seiner Freiheit zu bedienen, vereinigen kön-

> ne. Denn Zwang ist nötig! Wie kultiviere ich die Freiheit bei dem Zwange? Ich soll meinen Zögling gewöhnen, einen Zwang seiner Freiheit zu dulden, und soll ihn selbst zugleich anführen, seine Freiheit gut zu gebrauchen" (Kant 1956 [1803], 711).

Wie kultiviere ich also die Freiheit bei dem Zwange? Die Antwort einer reflexiven politischen Bildung: indem die autonomieförderliche Seite von Fremdbestimmung (Freiheit) unterstützt und gefördert, die autonomieeinschränkende (Zwang) erkannt, problematisiert und zurückgedrängt wird. Das ist eine strukturelle Herausforderung einer jeden ernsthaften didaktischen Überlegung. Wichtig dabei ist: Es gibt keinen Determinismus in die eine oder in die andere Richtung. Es gibt strukturelle Rahmenbedingungen, die die Anerkennung und Missachtung der Denk-, Handlungs- und Urteilsmöglichkeiten der Lernenden unterstützen. Seit jeher, heute und vor allem für die Zukunft handelt es sich bei der Förderung von Mündigkeit unter institutionellen Bedingungen um ein zentrales Bezugsproblem. In der dialektisch verstandenen ‚Selbst- durch Fremdbestimmung' werden erheblich mehr und bessere mündigkeitsorientierte Optionen erhalten als in der dichotomen Verkürzung auf entweder Selbst- oder Fremdbestimmung, zumal in der Verkürzung die Wirkmächtigkeit der jeweils anderen Seite auch noch ignoriert und ausgeblendet wird.

**ES:** Deutlich werden hier die Impulse, die Adorno für eine reflexive politische Bildung zur Verfügung stellt. Denn auch er beschäftigt sich ja mit dem Verhältnis von Autonomie und Heteronomie und koppelt letztere unmittelbar an die Unterstützung individueller und gesamtgesellschaftlich abgesicherter Freiheit. Aus dieser Perspektive geht es dann nicht darum, sich den fremdbestimmten gesellschaftlichen Verhältnissen möglichst zu entziehen, um selbstbestimmt sein zu können; das würde die Voraussetzung der eigenen Selbstbestimmung ausklammern. Genau für diese Voraussetzungen, die Bedingungen der Möglichkeit von Freiheit und Mündigkeit, interessiert sich die Kritische Theorie Adornos aber. Eine daran anschließende Frage lautet dann: Wenn die heteronomen gesellschaftlichen Rahmenbedingungen vorgängig sind, wie lassen sich die strukturellen, institutionellen Verhältnisse so gestalten, dass sie Mündigkeit fördern und unterstützen und nicht untergraben und verhindern?

**SM:** Sowohl die Problembeschreibung Kants als auch die Kritische Theorie Adornos teilen in struktureller Hinsicht einen Lösungsansatz, der darin besteht, nicht in einem ausschließenden ‚oder' die Chancen oder Probleme der einen oder der anderen Seite zu fokussieren. Die Form ‚oder' kann auch Optionen verengen und verkürzen, weil damit auch unterstellt wird, es gebe nur zwei Möglichkeiten: Freiheit oder Zwang, Autonomie oder Heteronomie, Selbst- oder Fremdbestimmung. Die Differenzierung, auf die die reflexive politische Bildung abhebt, sucht und findet die Problemlösungskapazitäten darin, dass die beiden Gegensätze auch jeweils in sich enthalten sind. Erst der Blick auf die innere Verbundenheit beider Seiten erlaubt es Kant und Adorno, zwischen selbstbestimmungsförderlicher und -hinderlicher Fremdbestimmung innerhalb der beiden Momente zu differenzieren und diese Unterscheidungsmöglichkeit auch zu begründen. Dann wird der Gegensatz von Selbst- oder Fremdbestimmung nicht aufgelöst, sondern für mündigkeitsorientierte Bildungserfahrungen gestaltbar. Neben und zusätzlich zu dem ‚oder' findet eine Befragung der autonomieförderlichen und -hinderlichen Aspekte in den beiden Gegensätzen statt.

Wenn wir das zusammenfassen, dann rückt im Rahmen einer reflexiven politischen Bildung die Frage in den Mittelpunkt, ob, inwiefern und unter welchen Bedingungen von Fremdbestimmung die Selbstbestimmung (nicht) ausgebaut und unterstützt werden kann. Eine reflexive politische Bildung kann sich hier mit einer Antwort, die allein auf einer Setzung zugunsten der Selbstbestimmung beruht, nicht begnügen; streng dialektisch gedacht benötigt es demgegenüber immer auch den Einbezug der anderen, in institutionellen Bildungsbemühungen stets vorfindlichen Seite der Fremdbestimmung – ohne sich dabei jedoch blind der Fremdbestimmung zu überantworten, die immer zu Lasten der Autonomie, der Mündigkeit, der Freiheit der Subjekte geht.

## 1.4 Beispiel: Die Steuerbarkeit von Mündigkeit

ES: Wir haben uns vorgenommen, am Ende jedes Kapitels noch jeweils Beispiele anzuführen, um zu veranschaulichen, was wir meinen und auch, um die Relevanz einer reflexiven politischen Bildung genauer zu konturieren. An dieser Stelle würde mich deshalb interessieren: Nehmen die beiden Modelle von Mündigkeit, ‚Selbst- oder Fremdbestimmung' sowie ‚Fremd- zur Selbstbestimmung', auch in Bildungsmaterialien der politischen Bildung eine Bedeutung ein?

SM: Verwunderlich wäre einzig, wenn das nicht der Fall wäre. Die problematischen Materialien, die keine oder kaum eigenständige Auseinandersetzungen zulassen und mehr oder weniger direkt entmündigen, sind dabei die eine Seite. Die Autorengruppe Fachdidaktik hat dazu ein Beispiel der *Initiative Neue Soziale Marktwirtschaft* als „Musterbeispiel für entmündigenden Unterricht" gezeigt (Autorengruppe Fachdidaktik 2016, 20). Es macht übrigens Spaß, gemeinsam mit Schüler/-innen oder auch Studierenden solche Materialien genau daraufhin zu untersuchen, wie man dumm gehalten werden soll. Nicht zufällig sind wir hier wieder bei Adorno, der für mündigkeitsorientierte Bildungserfahrungen davon ausging, dass die indoktrinierenden Gehalte ‚madig' gemacht werden können. Uns interessiert zudem die andere Seite, die der

,guten' Bildungsmaterialien, die auf die Selbstbestimmung von Lernenden setzen. Ich nehme an, darauf spielst du an?

**ES:** Ja, sicher. Wenn man sich so manche aktuelle Bildungsmaterialien anschaut, die auf Selbstbestimmung abzielen, und diskutiert, welche theoretischen und didaktischen Überlegungen darin enthalten sind, dann zeigt sich auch: Die Fokussierung auf Selbstbestimmung liefert keine Garantie für Mündigkeit ...

**SM:** ... und genau das ist der Schlüssel für Mündigkeit. Wir haben das für einige ausgewählte Bildungsmaterialien in unterschiedlichen Themenfeldern herausgearbeitet. Um ein erstes Beispiel zu nennen: die *Bundeszentrale für politische Bildung* hat ein Arbeitsblatt im Themenfeld ,Antisemitismus' herausgegeben, das ich auch für Fort- und Weiterbildungsveranstaltungen an Schulen bzw. für Lehrer/-innen nutze und manchmal in meinen Seminaren diskutiere.[2] Dort gibt es Aufgaben, die, wie ich sagen würde, die Chancen und Herausforderungen der mündigkeitsorientierten Figur ,Fremd- zur Selbstbestimmung' paradigmatisch verdeutlichen.

**ES:** Um was geht es in diesen Aufgaben?

**SM:** In diesen wird die zentrale Verknüpfung von (Nicht-) Wissen und (Selbst-)Reflexion in den Mittelpunkt gerückt – und zwar theoretisch, didaktisch und praktisch mit den zur Verfügung stehenden Möglichkeiten versiert abgesichert. Bei der ersten Aufgabe ,Was weißt du über das Judentum?' handelt es sich beispielsweise um eine, die das eigene verfügbare Wissen in Beziehung zu der empirischen Datenlage setzt. Zunächst wird nach der eigenen Einschätzung gefragt, wie viele

---

**2** Bundeszentrale für politische Bildung (2020): Themenblätter im Unterricht Nr. 123. Online abrufbar unter: https://www.bpb.de/shop/lernen/themenblaetter/315213/antisemitismus (letzter Abruf: 20.7.2023).

Juden und Jüdinnen in Deutschland wohnen. Die Lehrenden können dann anschließend die empirischen Daten nennen, die die Lernenden dann in einer zweiten Spalte eintragen können. Hier zeigen sich dann zumeist Diskrepanzen, die erklärt werden können. Nur wie? Im Rahmen einer reflexiven politischen Bildung wird deutlich, dass dadurch mindestens theoretisch nicht ausgeschlossen werden kann, dass bestehende Ressentiments bekräftigt und bestätigt werden und auch, dass in der Verknüpfung von (Nicht-)Wissen und (Selbst-)Reflexion gesellschaftliche und individuelle Vorstellungen über ‚die Juden' sichtbar werden. Darüber kann eine Beschäftigung und Auseinandersetzung damit entstehen, welches gesellschaftliche und individuelle Wissen die eigenen Annahmen (nicht) prägt.

Um es auf den Punkt zu bringen: In der Form ‚Selbst- oder Fremdbestimmung' wird mehr oder weniger unhinterfragt davon ausgegangen, dass die didaktisch und theoretisch abgesicherten Überlegungen, die dem Arbeitsblatt zukommen, auch automatisch als Bildungserfahrungen gemacht werden. Diese Garantie kann eine reflexive politische Bildung nicht geben, aus systematischen Gründen. Die Steuerbarkeit von Bildung ist in einer reflexiven politischen Bildung nicht deterministisch gedacht, sondern kontingent. Das führt zu entscheidenden konzeptuellen Umstellungen, die auch die sozialwissenschaftliche Fachdidaktik betreffen. Die Figur ‚Fremd- zur Selbstbestimmung' greift das auf. Hier wird die fremdbestimmte Gestaltung von Bildungserfahrungen stets aus folgender Perspektive heraus befragt: Inwiefern tragen die fremdbestimmten Rahmenbedingungen (nicht) zur Mündigkeit bei? Ohne Weiteres können die fremdbestimmten Rahmenbedingungen, z.B. in der Institution Schule oder Hochschule, mündigkeitsorientierte Bildungserfahrungen verstellen, wenn die Lernenden bei der Bearbeitung von Arbeitsblättern zum Themenfeld Antisemitismus lediglich auswendig gelernte Formeln wiedergeben sollen. Mündigkeit, operationalisiert als Unterstützung von Denk-, Handlungs- und Urteilsmöglichkeiten, geht weit darüber hinaus; hier geht es um die eigenständige und selbstbestimmte Auseinandersetzung von Lernenden – die von Lehrenden bewusst und planmäßig organisiert wird. Das ist der Schlüssel für die Gestaltung mündigkeitsorientierter Bildungserfahrungen: ‚Fremd- zur Selbstbestimmung'. Dabei zeigt sich: Es gibt immer auch die Möglichkeit, die gut gemeinten Intentionen als Bestätigung des Ressentiments zu verstehen (Müller 2021c). Diesen Herausforderungen widmet sich eine reflexive politische Bildung ...

**ES:** ... und entwickelt darüber einen mündigkeitsorientierten Ansatz weiter. Ein anderes Beispiel wäre ein Arbeitsblatt aus dem Themenfeld Geschlecht, das wir der Open Educational Resource ‚Was ist Gender?' entnommen haben (HOOU 2021). Bei der Aufgabe handelt es sich um eine Übung, die auf die Reflexion von Diskriminierung abzielt.[3] In dieser werden die Lernenden in Einzelarbeit aufgefordert, (1) eine Situation zu schildern, in der die Diskriminierung einer LSBTIQ-Person beobachtet wurde. Anschließend sollen die Lernenden (2) ihre Reaktion sowie (3) ihre Gefühle zu dieser Reaktion damals wie heute notieren und (4) darauf reflektieren, was sie zukünftig zur Unterstützung der diskriminierten Person anders machen würden. Mit der Thematisierung von Diskriminierung und Geschlecht rückt die Aufgabe einen besonders sensiblen Bereich in den Mittelpunkt. Die erhoffte und erwünschte Bildungserfahrung besteht hier darin, die (Beobachtung von) Diskriminierungs- und Gewalterfahrungen bearbeiten zu können. Wenn die fremdbestimmten Rahmenbedingungen dabei allerdings nicht mitbedacht werden, kann das selbstbestimmte Bildungserfahrungen geradezu unterlau-

---

3 HOOU (2021): Was ist Gender? Open Education Resource zum Thema Gender. Reflexionsaufgabe „Diskriminierung begegnen." Online abrufbar unter: https://blogs.hoou.de/gender/wp-content/uploads/2019/06/Reflexion-Diskriminierung-LSBTIQ.pdf (letzter Abruf: 20.7.2023).

fen. Im Falle der Thematisierung von geschlechtlicher und sexualitätsbezogener Diskriminierung spricht empirisch einiges dafür, dass Diskriminierende, Bystander und Betroffene in einer Schulklasse bzw. in der Lerngruppe gleichermaßen anwesend sind – und genau dieser Umstand kann dazu führen, dass die Lernenden die Thematisierung und Problematisierung von Diskriminierung doch meiden. Die Rahmenbedingungen sind daher nie voraussetzungslos, sondern wirken in die Gestaltung von Bildungserfahrungen hinein.

**SM:** Davon ist die Umstellung auf eine reflexive politische Bildung motiviert. Die Reflexion auf die beiden Denkfiguren: ‚Fremd- oder Selbstbestimmung' sowie ‚Fremd- zur Selbstbestimmung' hilft auch, das Phantasma der Steuerbarkeit von Lernen anders verstehen zu können. Die Steuerbarkeit von Mündigkeit hat zwei Seiten: Eine problematische, wenn die Steuerbarkeit deterministisch gedacht wird. In dieser Vorstellung führen die ‚richtigen' Bildungsmaterialien zum ‚richtigen' Denken. Ich spitze hier bewusst zu, um die Probleme deutlich zu machen. Die Steuerbarkeit von Mündigkeit unter institutionellen Bedingungen kann aber, im direkten Anschluss an Adorno, auch anders gedacht werden: in der Reflexion auf die Fremdbestimmung, die nicht ausgenutzt, sondern zur Mündigkeit genutzt wird. Mündigkeit besteht eben nicht in der unvermittelten Huldigung der Selbstbestimmung, sondern in der Reflexion auf die autonomieerweiternden und -verstellenden Potenziale in und durch fremdbestimmte Rahmenbedingungen.

**ES:** In den Blick geraten dann die strukturellen Voraussetzungen, die mündigkeitsorientierte Bildungserfahrungen verstellen und hervorbringen. Kritisiert werden können dann auch Bildungsmaterialien, die Selbstbestimmung in Anspruch nehmen und versprechen, dabei aber keine Differenzierung vornehmen, die es erlaubt, autonomieeinschränkende von autonomieförderlichen Momenten unterscheiden zu können.

**SM:** In der Denkfigur ‚Selbst- durch Fremdbestimmung' können schließlich Bildungsmaterialien befragbar gehalten werden – mindestens aus der Perspektive, wie sie Mündigkeit (nicht) unterstützen und unabhängig von der dichotomen Einschätzung, ob es sich jeweils um ‚gute' oder ‚schlechte' Bildungsmaterialien handelt. Dann können ‚schlechte' Materialien und Schulbücher auch so aufgeschlüsselt werden, dass die Funktionen und Mechanismen – wie z. B. die unbeabsichtigte Produktion von Stereotypen – gezeigt und diskutiert werden können. Genau so erkenntnisreich kann umgekehrt die Erfahrung sein, wenn Bildungsmaterialien daraufhin analysiert werden, wie sie moralisierend die eigenen Überzeugungen gesinnungsethisch und missionarisch proklamieren: „Ich würde eine solche Erziehung des ‚Madigmachens' außerordentlich advozieren" (Adorno 1971 [1963], 146). Dialektisch müsste man freilich noch das genaue Gegenteil hinzunehmen. Es geht in der Gestaltung von mündigkeitsorientierten Bildungserfahrungen nicht nur um das Madigmachen, sondern zudem auch immer um das ‚Bessermachen' (Mende/Müller 2009, 8) – also darum, welche Freiheitsmöglichkeiten das ‚Madigmachen' eröffnen kann, die vorher noch nicht zur Verfügung standen.

# 2. Der Beutelsbacher Konsens

**SM:** Meine These ist: Die Argumentationsfigur ‚Selbst- durch Fremdbestimmung' bildet die Tiefenstruktur des Beutelsbacher Konsens. Daher kann an den Beutelsbacher Konsens sowohl dichotom als auch mündigkeitsorientiert angeschlossen werden. Dies ist eine der Ursachen, warum sich so vehement am Beutelsbacher Konsens abgearbeitet (Widmaier/Zorn 2016) und dieser dadurch weder weiterentwickelt noch ernsthaft in Frage gestellt wird.

**ES:** Das ist erläuterungsbedürftig. Kannst du die Struktur an den drei Grundsätzen des Beutelsbacher Konsens veranschaulichen?

## 2.1 Die Tiefenstruktur des Beutelsbacher Konsens

**SM:** In der heute altbacken und überkommen wirkenden Terminologie des Überwältigungsverbots blitzt die Tiefenstruktur bereits auf. Was wird überwältigt? Das Selbst, das Ich, die Autonomie das Prinzip der Selbstbestimmung wird verletzt! Auf diese zentrale Herausforderung reagiert der Beutelsbacher Konsens. Affektiv-emotional können Lernende beispielsweise überwältigt werden, wenn sie moralisch auf die ‚richtige' Seite gezogen werden sollen. In seinem Tagungsprotokoll bemerkte Wehling dazu: „Es ist nicht erlaubt, den Schüler – mit welchen Mitteln auch immer – im Sinne erwünschter Meinungen zu überrumpeln und damit an der ‚Gewinnung eines selbständigen Urteils' zu hindern. Hier genau verläuft nämlich die Grenze zwischen Politischer Bildung und Indoktrination" (Wehling 1977, 179). Wohlweislich ist hier die denkbar weitreichende Überlegung ‚mit welchen Mitteln auch immer' benannt.

Es geht hier um Einzelfälle, die auszuschließen sind, und um die universale Problematisierung von sämtlichen Mitteln in der Gestaltung von politischen Bildungserfahrungen, die die Selbstbestimmung der Lernenden hindern. Die Verhinderung von Selbstbestimmung wird so fundamental kritisiert.

Das ist die eine Seite, die die Verhinderung und die Unterstützung von *Selbstbestimmung* fokussiert. Heute können wir diese präziser operationalisieren in der Doppelläufigkeit der Verhinderung und Förderung von Denk-, Handlungs- und Urteilsmöglichkeiten in und durch die Gestaltung von Bildungserfahrungen unter institutionellen Bedingungen. Aber im Kern geht es immer noch um die im Beutelsbacher Konsens benannte Herausforderung: Wie gelingt politische Bildung ohne (un-)beabsichtigte Indoktrination, obwohl und weil Lehrende fremdbestimmte Inhalte, Werte und Normen als Bildungsgegenstände für selbstbestimmte Bildungserfahrungen zur Verfügung stellen?

Hier nun zeichnet sich die andere Seite, die *Fremdbestimmung* in der Gestaltung politischer Bildungserfahrungen, ab. In entscheidenden Hinsichten steht diese der Selbstbestimmung fundamental entgegen. Die Gestaltung von Bildungserfahrungen ist so mit dem strukturellen Gegensatz von Selbst- *oder* Fremdbestimmung konfrontiert. Das Interessante ist nun, dass sowohl mit guten als auch mit schlechten Absichten die Struktur von Selbst- und Fremdbestimmung dichotom verkürzt werden kann und dadurch Mündigkeit verstellt wird.

**ES:** … weil auch der gute Anspruch, zur Mündigkeit und Selbstbestimmung beizutragen, nicht davor schützt, unbeabsichtigt doch indoktrinierend und instrumentalisierend wirken zu können.

**SM:** Genau das. Es können ohne Weiteres empirische Beispiele gefunden werden, in denen Lehrende nicht indoktrinieren wollen und es aber dennoch tun. Grammes hat vor Jahr und Tag auf diese Herausforderung im ersten Grundsatz des Beutelsbacher Konsens verwiesen: „Wird die Problematik der Überwältigung nur auf der Ebene des pädagogischen Bezugs von Lehrer und Schüler und nicht auch auf der Ebene der wertmäßigen Vorwegbestimmtheit der Lerngegenstände bestimmt, wird die Aufgabe didaktischer Transformation unterlaufen" (Grammes 1996, 152). In einer reflexiven politischen Bildung kann diese Aufgabe didaktischer Transformation strukturell und normativ genauer skizziert werden, indem zwischen autonomieförderlichen und -einschränkenden Momenten der Fremdbestimmung differenziert wird. Es geht darum, wie die fremdbestimmten Rahmenbedingungen für die Unterstützung, Hervorbringung und Förderung von Selbstbestimmung (nicht) genutzt werden können. Darauf zielt die Figur ‚Selbst- durch Fremdbestimmung' ab.

**ES:** Wie sieht es mit dem zweiten Grundsatz aus, dem Kontroversitätsgebot? Lässt sich hier ebenfalls die autonomieförderliche Unterstützung von Selbst- durch Fremdbestimmung entnehmen?

**SM:** Aus einer reflexiven Perspektive sicherlich – und zwar sowohl theoretisch als auch empirisch. Theoretisch hebt das Kontroversitätsgebot darauf ab, die gesellschaftlich umstrittenen Thematiken (Gender, Religion, Klimapolitik, Populismus etc.) und gesellschaftlichen Herausforderungen (Digitalisierung, Nachhaltigkeit etc.) pädagogisch bearbeitbar zu halten und nicht vorzuentscheiden. Bei alledem geht es keineswegs lediglich darum, die Lernenden mit möglichen Positionen und Standpunkten vertraut zu machen, die gesellschaftlich kursieren, sondern darum, den eigenen Horizont zu erweitern. Wehling hat das vorsichtig, zögernd noch als Frage formuliert: „Zu fragen ist, ob der Lehrer nicht sogar eine *Korrekturfunktion* haben sollte, d.h. ob er nicht solche Standpunkte und Alternativen besonders herausarbeiten muss, die den Schülern (und anderen Teilnehmern politischer Bildungsveranstaltungen) von ihrer jeweiligen politischen und sozialen Herkunft her fremd sind“ (Wehling 1977, 179; Hervor. im Orig.). In der Idee der Korrekturfunktion ist die ganze Herausforderung der Selbst- und Fremdbestimmung aufgehoben. Die Korrekturfunktion kann theoretisch und empirisch fremdbestimmt ausgenutzt werden. Sie kann aber – und das ist dann der mündigkeitsorientierte Pfad – auch für die Förderung von Selbstbestimmung, die Erweiterung des Horizontes, der Förderung von Denk-, Handlungs- und Urteilsmöglichkeiten genutzt werden. Das löst die Fremdbestimmung jedoch nicht auf, sondern hält und gestaltet sie autonomieförderlich aus. Das wird mit der Formel ‚Selbst- durch Fremdbestimmung‘ angezeigt.

**ES:** Ich nehme an, dass dann auch im dritten Grundsatz nachgezeichnet werden kann, dass sowohl eine dichotome Interpretation möglich ist, die entweder auf Selbst- oder Fremdbestimmung setzt, als auch eine mündigkeitsorientierte Tiefenstruktur, die mit der Figur von ‚Selbst- durch Fremdbestimmung‘ verbunden ist?

**SM:** Der dritte Grundsatz ist insofern der schwierigste, weil darin Unterschiedliches zusammengezogen ist. Das wird bereits daran deutlich, dass die beiden anderen auf einen Begriff gebracht werden können (Überwältigungsverbot, Kontroversitätsgebot), beim dritten das aber schon schwerer fällt. Mit dem Kürzel ‚Interesse des Schülers‘ rücken auch bedeutsame Aspekte des dritten Grundsatzes in den Hintergrund. Die ganze Formulierung lautet bekanntlich:

> „Der Schüler muss in die Lage versetzt werden, eine *politische Situation* und seine *eigene Interessenlage zu analysieren*, sowie nach Mitteln und Wegen zu suchen, die vorgefundene politische Lage im Sinne seiner Interessen *zu beeinflussen*. Eine solche Zielsetzung schließt in sehr starkem Maße die

> Betonung *operationaler Fähigkeiten* ein, was eine logische Konsequenz aus den beiden vorgenannten Prinzipien ist" (Wehling 1977, 180, Hervor. im Orig.).

Vor diesem Hintergrund schlage ich vor, den dritten Grundsatz als *Autonomieprinzip* zu interpretieren. Es geht darum, die Lernenden bei der selbstständigen Verortung zu unterstützen. Wir wissen nun zur Genüge, dass diese Form der Selbständigkeit unter institutionellen Bedingungen an Fremdbestimmung gekoppelt und das allzu oft ein Problem ist, aber nicht automatisch sein muss. Daher auch hier die reflexive Wendung: Selbst- durch Fremdbestimmung. Interessant ist zudem, dass Wehling hier bereits auf ‚operationale Fähigkeiten' verweist. Diese würde ich heute mit der Förderung von Denk-, Handlungs- und Urteilsmöglichkeiten übersetzen.

**ES:** Klar ist nun, inwiefern sowohl *autonomieförderlich* als auch *instrumentell* an den Beutelsbacher Konsens angeschlossen werden kann und wird. Du hast aber ausgeführt, dass die autonomieförderlichen und instrumentellen Momente bereits *in* den Grundsätzen des Beutelsbacher Konsens selbst enthalten sind, als innere Gegenläufigkeiten. Inwiefern entspricht dies der Tiefenstruktur des Beutelsbacher Konsens?

**SM:** Die mündigkeitsorientierte Idee des Beutelsbacher Konsens wurzelt in der Struktur von Selbst- durch Fremdbestimmung, die gekoppelt ist an einen didaktisch unhintergehbaren normativen Kern, das Autonomieprinzip. Entscheidend ist die ganze Argumentationsfigur: Sie wird nicht behauptet, sondern ihre Begründung erweist sich im Vollzug. Umgekehrt wird daraus auch ein Maßstab für die politische Bildung. Wird die Idee der Mündigkeit durch den Beutelsbacher Konsens unterlaufen, beschädigt das nicht nur den Konsens, sondern die Autonomie, die Mündigkeit der Beteiligten. Selbst auf die eigene Negation, die Verletzung der eigenen Prinzipien reagiert der Beutelsbacher Konsens noch, indem er den Lehrenden eine reflexive Haltung dazu abverlangt: „Eine reflexive Haltung, die das Kontroverse als zentralen Aspekt der Sache selbst erschließt, wäre als Konsequenz aus dem Beutelsbacher Konsens für den Unterricht in der politischen Bildung zu fordern“ (Sander 2009, 240). Diesen Horizont eröffnet eine reflexive politische Bildung. In den dichotomen Formen von ‚Entweder-oder‘ bleiben die theoretischen und fachdidaktischen Möglichkeiten des Beutelsbacher Konsens unterbestimmt, der theoretisch anspruchsvolle Gehalt wird sogar verdeckt.

Nebenbei: Kant trifft eine Unterscheidung zwischen hypothetischen Imperativen und den verschiedenen Varianten des kategorischen Imperativs (Ritsert 2017, 156 ff.). Wer sich dafür interessiert: Die Struktur des kategorischen Imperativs weist Parallelen zur Tiefenstruktur des mündigkeitsorientierten Kerns im Beutelsbacher Konsens auf. Und damit ist nicht die ‚goldene Regel‘: ‚Was du nicht willst, das man dir tu, das füg auch keinem anderen zu‘ gemeint.

## 2.2 Inhaltsindifferenz oder Handlungsanweisung?

ES: Der Beutelsbacher Konsens, das „Markenzeichen politischer Bildung“ (Reinhardt 2019, 15), stellt seit jeher eine Herausforderung in der politischen Bildung dar (vgl. zur Rezeptionsgeschichte des Beutelsbacher Konsens: Pohl/Will 2016). Im Anschluss an kursierende Interpretationen des Beutelsbacher Konsens lassen sich die Engführungen von dichotomen Anschlussmöglichkeiten ebenso wie der mündigkeitsorientierte Horizont genauer in den Blick nehmen. Das zeigt sich besonders an den Kritiken des Beutelsbacher Konsens.

SM: Georg Weißeno beispielsweise problematisiert eine ‚Inhaltsindifferenz‘ des Beutelsbacher Konsens (Weißeno 2017, 50). Dies führt ihn u.a. zum Ergebnis, „dass ein Unterricht nach dem Modell der Politikkompetenz den Konsens überflüssig macht" (Weißeno 2017, 53). Andere sehen das freilich ganz anders. Klaus Ahlheim z.B. hat den Beutelsbacher Konsens geradezu im Blick auf die darin enthaltenen Handlungsanweisungen problematisiert: „Der Beutelsbacher Konsens enthält, wie es Walter Gagel einmal formuliert hat, ‚Handlungsanweisungen an den Lehrer', nicht weniger, aber auch nicht mehr" (Ahlheim 2009, 250). Was ist der Beutelsbacher Konsens nun: Inhaltsindifferent oder handlungsanweisend?

**ES:** Ich nehme an: weder noch bzw. beides?

**SM:** Ich auch – und zwar jeweils in ganz bestimmten Hinsichten (nicht). Die erstgenannte Problematisierung des Beutelsbacher Konsens fokussiert auf die *Inhaltsindifferenz*:

> „Waren früher vage Beschreibungen der Inhalte des Politikunterrichts meist üblich, so hat die Kompetenzorientierung einen realistischen Blick auf das tatsächliche Können der Schülerinnen und Schüler eingefordert. Es ist inhaltlich präzise das konkrete Lernergebnis anzugeben. Dabei ist die angegebene Fachsprache zu benutzen. Die zahlreichen verschiedenen Interpretationen des Beutelsbacher Konsenses haben deutlich gemacht, dass der Konsens dazu nicht taugt. Er stellt keine theoretische Formulierung dar und hilft nicht zur konkreten Bestimmung von Inhalten. Er ist inhaltsindifferent. [...] Der Beutelsbacher Konsens ist deshalb heute im kompetenzorientierten Politikunterricht überflüssig" (Weißeno 2017, 50).

Der Beutelsbacher Konsens scheint aus dieser Perspektive heute überflüssig zu sein, weil er weder (a) eine theoretische Fundierung biete noch (b) zu einer konkreten Bestimmung von Inhalten verhelfe. Weißeno problematisiert hier zudem, dass der Beutelsbacher Konsens zur Kompetenzorientierung nicht beitrage, sogar nichts beitragen könne, weil sich diesem keine konkreten Inhalte entnehmen lassen. In der Tat: Im Tagungsprotokoll von Wehling finden sich keine unmittelbaren Handlungsanweisungen, die damals, heute und auch künftig auf eine konkrete Bestimmung von Inhalten abzielen (Wehling 1977).

Demnach kann eine Schwäche des Beutelsbacher Konsens darin gesehen werden, dass er inhaltsindifferent verbleibt. Aus einer solchen Interpretationslinie heraus erscheint dann auch Inhaltsindifferenz als Problem – und gerät damit in Missverständnisse:

> „Der Beutelsbacher Konsens ist immer wieder präskriptiv als positiver Lernkatalog mißverstanden worden, der oberste Zielvorstellungen politischer Bildung formuliert und so ersatzweise die Funktion der wohlklingenden Präambeln der geisteswissenschaftlichen Bildungspläne der 50er und 60er Jahre übernimmt" (Grammes 1996, 144).

Aus einer mündigkeitsorientierten Perspektive kann damit genau umgekehrt argumentiert werden. Das scheinbare Problem erweist sich dann als Lösung. Das besondere Potenzial des Beutelsbacher Konsens liegt auch darin, dass er sich nicht vorab auf konkretistische Inhalte und Lernkataloge verpflichtet. Sander wird nicht müde zu betonen, dass die konkreten Inhalte im sozialwissenschaftlichen Unterricht in fünf, zehn oder zwanzig Jahren gar nicht vorweggenommen werden können. Das ist dem Gegenstandsfeld ‚politische Bildung' eigen. Hoffentlich, würde ich sagen! Dass sich im Laufe eines Berufslebens als Mathelehrer/-in der Satz des Pythagoras wandelt, ist unwahrscheinlich. Dass sich im Laufe eines Berufslebens als politische/r Bildner/-in die inhaltlichen Herausforderungen wandeln, kann sogar als gesichert gelten. Ein Beispiel: Die konkreten Inhalte der Herausforderungen in Zeiten der Pandemie konnten in der fachdidaktischen Lehrkräftebildung gar nicht vorweggenommen werden; die

Fertigkeiten und Fähigkeiten zur reflexiven Distanznahme allerdings schon. Genau darauf reagiert eine reflexive Bildung. Die Bedeutung einer mündigkeitsorientierten Organisation von Lernumgebungen bleibt strukturell gleich, auch wenn die Inhalte sich stetig wandeln. Der Beutelsbacher Konsens ist durch eine offene Denkfigur charakterisiert.

**ES:** Das verdeutlicht, dass die Inhalte in der politischen Bildung sich nicht nur durch ihre gesellschaftliche Wandelbarkeit auszeichnen, sondern auch durch ihre Kontroversität und Vielfältigkeit. Das gilt gleichsam für Annahmen über eben jene Inhalte, weil diese aus unterschiedlichen, durchaus widersprüchlichen Interessen und Perspektiven heraus formuliert werden. Darauf reagiert das Kontroversitätsgebot im Beutelsbacher Konsens. In der politischen Bildung können die Inhalte nicht vorab entschieden, sie können aber in ihrer grundlegenden Struktur (Pluralität, Multiperspektivität, Kontroversität) diskutiert werden. Politische Bildung ist dann als institutionalisierter Bildungs- und Reflexionsraum angelegt, in dem die divergierenden individuellen und gesellschaftlichen Vorstellungen gelernt, erfahren, diskutiert und reflektiert werden können.

**SM:** Aus einer reflexiven Perspektive wird die ‚Inhaltsindifferenz' zudem als Stärke für fachdidaktische Prinzipien sichtbar. Die ‚Inhaltsindifferenz' ist alles andere als diffus. Es geht darum, dass die Lern- und Bildungsangebote an die Förderung von Mündigkeit gekoppelt werden können. Dem liegen anspruchsvolle Annahmen zugrunde. Vorausgesetzt sind hier zum einen Lernende, die erweiterte Denk-, Handlungs- und Urteilsmöglichkeiten entwickeln und nicht ‚nur' das richtige Vokabular verwenden können. Vorausgesetzt sind zum anderen Lehrende, die ihre normativen und gesellschaftspolitischen Annahmen reflektieren, befragen und offenhalten können. Sichtbar wird dann auch, dass dem Beutelsbacher Konsens in und durch die Abstraktion von konkretistisch verstandenen Inhalten eine

Befragungs- und Distanzierungsmöglichkeit zukommt: „Fachdidaktische Prinzipien enthalten das zu lehrende und zu lernende Bewußtsein nicht selbst. Sie sondieren vielmehr die Bedingungen der Möglichkeit seiner Aneignung, Bearbeitung und Erweiterung“ (Grammes 1996, 145).

Von diesem Startpunkt aus wird erst ein mündigkeitsorientierter Horizont eröffnet und die bildungstheoretische Stärke des Beutelsbacher Konsens zeichnet sich ab. Gerade durch das Absehen von konkreten Inhalten können *alle* Inhalte vor der Hintergrundfolie des Beutelsbacher Konsens reflexiv auf Distanz gebracht werden, um die individuellen und die gesellschaftlichen Annahmen befragbar werden zu lassen. Dann ist die didaktische Gestaltung des sozialwissenschaftlichen Unterrichts bzw. von politischer Bildung von einem eindimensionalen, vorab festgelegten Lernziel auf offene, kontingente Angebote verschoben, die die individuellen Lösungsmöglichkeiten von Lernenden aushalten und anerkennen können. Die Vorstellung lautet übersetzt und überspitzt: Wenn die Lernenden das Lernziel in der Sprache, die der Didaktiker, die Lehrerin vorab festgelegt hat, wiedergeben können, ist der kompetenzorientierte Unterricht erreicht. Dann triumphiert und freut sich zwar eine bestimmte Variante der Kompetenzorientierung, aber mündigkeitsorientierte Lern- und Bildungserfahrungen werden in dieser Abrichtungsdidaktik verhindert. Die deterministischen Vorstellungen, die den Weg vom Lehrplan über den Lehrer in den Kopf der Schüler/-innen vorsehen, werden in einem mündigkeitsorientierten Modell problematisierbar, weil sie die Subjektivität der Lernenden an entscheidenden Punkten in-strumentalisieren und gängeln.

**ES:** In der Annahme, die Inhaltsindifferenz des Beutelsbacher Konsens sei ausschließlich problematisch, wird dann also noch eine ganz andere Vorstellung sichtbar. Die Lernenden werden hier als Objekte der Belehrung konzeptualisiert. Auch diese Diskussion ist alles andere als neu. Schon Schmiederer hat einen einseitig gegenstands- und lernzielorientierten Unterricht in aller Vehemenz dafür kritisiert, dass dieser den Schüler als „zentralen Faktor didaktischen Denkens“ ausblendet:

> „Mag man den Fachwissenschaftler noch verstehen, wenn er – befangen in seinem ‚wissenschaftlichen‘ Theoriengebäude und dessen Systematik – die inhaltliche (stoffliche) Strukturierung des Unterrichts verwechselt mit dessen didaktischem Aufbau insgesamt, so kann man doch fast der gesamten politischen Didaktik den Vorwurf nicht ersparen, mehr oder weniger eine Didaktik des ‚entfremdeten‘, weil gegenstandsorientierten Unterrichts zu sein. Und dies, obwohl es in der Lernpsychologie seit langem eine Binsenweisheit ist, daß Wissen nur bildungswirksam wird, also Bewußtsein und Verhalten verändern kann, wenn es in Beziehung tritt zum Lernenden, ‚wenn es Subjektivität ergreift und es ins eigene Leben einführt“ (Schmiederer 1977, 54).

Von dieser Kritik sind auch zeitgenössische Varianten der Lernzielorientierung, wie die Kompetenzorientierung, nicht ausgenommen.

**SM:** Die verschiedenen Anschlussmöglichkeiten an den Beutelsbacher Konsens reichen bis in die unterschiedlichen Vorstellungen und Konzeptionen von Kompetenzorientierung hinein. So kann Kompetenzorientierung als Aufgabe verstanden werden, in der das konkrete Lernergebnis mit einer vorab festgelegten Fachsprache wiedergegeben werden soll (vgl. dazu Weißeno et al. 2010; Detjen et al. 2012; kritisch dazu Autorengruppe Fachdidaktik 2011). Kompetenzorientierung kann aber auch in einer mündigkeitsorientierten Variante ausgestaltet werden – als Prüffrage, inwiefern in den Lern- und Bildungsangeboten die Förderung von Denk-, Urteils- und Handlungsmöglichkeiten (nicht) angelegt ist (vgl. dazu GPJE 2004; Behrmann/Grammes/Reinhardt 2004). Die ‚Inhaltsindifferenz' im Anschluss an den Beutelsbacher Konsens wird im einen Fall als Leerstelle gesehen, die der kompetenzorientierte Politikunterricht auszufüllen vermag. Im anderen Fall wird die Inhaltsindifferenz als Voraussetzung für die Gestaltung von mündigkeitsorientierten Bildungsprozessen konzeptualisiert; kompetenzorientierter Unterricht kann dann so ausgestaltet werden, dass eigenständige Bildungserfahrungen erwünscht, geboten und ermöglicht werden.

Insgesamt rücken die Hinweise von Weißeno eine Ebene im Anschluss an den Beutelsbacher Konsens in den Mittelpunkt, die für eine Diskussion um seine Aktualität eine hervorgehobene Bedeutung einnimmt. Weißeno problematisiert, dass die Vorabbestimmung von Inhalten zum konkreten Lernergebnis nicht möglich sei – und genau dies nimmt ein mündigkeitsorientierter Ansatz auf, indem er (1) für aktuelle und künftige gesellschaftliche Herausforderungen offenbleibt, (2) die Autonomie der Lernenden anerkennt, (3) um die Kontroversen über und in den Lerngegenständen weiß und diese aufbereitet und so (4) die innere Gegenläufigkeit der Struktur von ‚Selbst- durch Fremdbestimmung' autonomieförderlich ausgestaltet. Dann erst wird die Tiefenstruktur des Beutelsbacher Konsens deutlich.

**ES:** Vor diesem Hintergrund ist es erstaunlich, dass der Beutelsbacher Konsens einerseits problematisiert wird, weil er inhaltsdifferent sei, andererseits – aus der geradezu gegensätzlichen Perspektive –, dass er zu konkretistisch sei, dass er lediglich *Handlungsanweisungen* an den Lehrer geben könne und nicht mehr (Ahlheim 2009, 250).

**SM:** Sicherlich können dem Beutelsbacher Konsens die Handlungsanweisungen, nicht zu indoktrinieren, Kontroverses aus Wissenschaft und Politik den Lernenden nicht vorzuenthalten und dabei das ‚Interesse des Schülers' zu unterstützen, auszubauen und zu fördern, entnommen werden – aber eben aus

Annahmen und Gründen, die mit der spezifischen Struktur der Unterstützung und Förderung von Denk-, Handlungs- und Urteilsmöglichkeiten zusammenhängen: Selbst- durch Fremdbestimmung. Wer ernsthaft mit der Gestaltung von Bildungserfahrungen vertraut ist, wird auf die Momente der Fremdbestimmung, die strukturell darin enthalten sind, reagieren. Die Frage lautet dann: Wie können die strukturell fremdbestimmten Momente so gestaltet werden, dass sie zu Selbstbestimmung, zu einer Erweiterung von Denk-, Handlungs- und Urteilsmöglichkeiten beitragen? Umgekehrt kann so in den Blick genommen werden, wo dies trotz guter Ansprüche scheitert: dass Überwältigung auch unbeabsichtigt und ungewollt stattfinden kann; dass, obwohl Kontroversen in Politik und Wissenschaft dargestellt werden, diese zu relativistischer Beliebigkeit verkommen können; dass zwar die Analysefähigkeiten der Lernenden gefördert werden, diese aber zuweilen gerade mal bis zur nächsten Klausur reichen können. Aus einer reflexiven, mündigkeitsorientierten Perspektive kommen den drei Prinzipien des Beutelsbacher Konsens daher keine Handlungsanweisungen im Sinne direkt umsetzbarer Direktiven zu; vielmehr werden Handlungsanweisungen, seien diese als Tipps und Tricks oder im Reiz-Reaktion-Schema gedacht, genau dann problematisiert, wenn sie die Autonomie der Lernenden instrumentalisieren.

ES: Der Beutelsbacher Konsens formuliert damit sehr wohl Gebote, die ein professionalisiertes Handeln von den Lehrenden erfordern. Gleichzeitig ist er aber in der mündigkeitsorientierten Interpretationslinie auch weit mehr als ein Vorschriftenkatalog für Lehrkräfte, weil in seinen Grundsätzen normative und theoretische fachdidaktische Reflexionen aufgehoben sind, vor deren Hintergrund begründet werden kann, warum sie zu den Standards der Profession zählen: Um die Mündigkeit der Lernenden anzuerkennen, auszubauen und zu unterstützen. In diesem Sinne lässt sich der Beutelsbacher Konsens mit seinen Prinzipien als dreifache Prüffrage im Zeichen der Mündigkeit verstehen.

SM: Ja, aber gleichwohl nicht als Prüffrage in dem Sinne, dass ich überprüfe, ob ich meine Unterlagen für das Seminar oder den Unterricht dabei habe. Es handelt sich um eine prüfende Reflexion auf die Doppelläufigkeit in der Gestaltung von Bildungserfahrungen, die eine Distanz zu individuellen und gesellschaftlichen Normalitätsvorstellungen voraussetzt. Die Handlungsanweisungen ‚du sollst nicht überwältigen, instrumentalisieren, indoktrinieren usw. usf.' werden in dieser kritisch-reflexiven Prüfung mit ihren jederzeit möglichen Untergrabungen konfrontiert, weil es eben sowohl theoretisch als auch praktisch nicht gänzlich ausgeschlossen werden kann, dass sie einer Proklamation verhaftet bleiben. Zwei Dinge muss man dazu verstehen: Erstens ist die Struktur der institutionellen Organisation von Bildung eine, die aus guten Gründen bestimmte Inhalte auswählt und andere genau dadurch erst mal vorenthält. Daher ist eine Begründungspflicht auch so eminent wichtig: „Wir nennen alles Beibringen von etwas manipulativ, das nicht hinreichend begründbar, beweisbar oder erweisbar ist und das auf Vorzeigen und Reflexion der Voraussetzungen von diesem Etwas verzichtet" (Fischer 1977, 40). Zweitens – und das muss eine mündigkeitsorientierte politische Bildung anerkennen –, sind die Lernenden stets Eigenständige und können auch andere Erfahrungen machen als von den Lehrenden geplant. Damit wird in einer reflexiven politischen Bildung die Gestaltung von Bildungserfahrungen daran gekoppelt, inwiefern sie (nicht) zur Förderung von Denk-, Handlungs- und Urteilsmöglichkeiten beiträgt, auch unabhängig von den subjektiven Intentionen der Lehrenden.

Im instrumentellen, dichotomen Denken erscheint der Beutelsbacher Konsens als Direktive, nicht als mündigkeitsorientierte Denkfigur. Es handelt sich, recht besehen, um komplexe Theoriefragen, die im Beutelsbacher Konsens zusammengezogen sind:

> „Die komplexen Theoriefragen, auf die der Beutelsbacher Konsens reagierte, spielen in der heutigen Fachdiskussion zur politischen Bildung kaum mehr eine Rolle. Überhaupt scheint in den letzten Jahrzehnten im Fach das Interesse an Theorie in jenem umfassenden und grundlegenden Sinn [...] stark zurückgegangen zu sein“ (Sander 2017, 63–64).

Die eindimensionale Setzung von ‚Inhaltsindifferenz‘ verbaut und verstellt ebenso Optionen der didaktischen Gestaltung von Lernumgebungen wie die Engführung auf ‚Handlungsanweisung‘. Die ‚Inhaltsindifferenz‘ muss nicht ausschließlich als Problem, sondern kann geradezu als Lösung diskutiert werden. Auch die ‚Handlungsanweisung‘ muss nicht ausschließlich als Direktive an die Lehrenden, sondern kann als Befragungs- und Distanzierungsmöglichkeit zu inneren Gegenläufigkeiten verstanden werden, die den drei Prinzipien im Beutelsbacher Konsens inhärent sind. Kein ernstzunehmender Ansatz in der politischen Bildung will indoktrinieren, Kontroversen vorenthalten und das ‚Interesse des Schülers‘ missachten – und dennoch kann nicht ausgeschlossen werden, ob nicht doch unbeabsichtigt indoktriniert, relevante Kontroversen vorenthalten und Analysefähigkeiten zur eigenen Interessenslage verstellt werden. Darauf reagiert eine reflexive politische Bildung.

## 2.3 Herrschaftslegitimation, Mission und Mündigkeit

**ES:** Wir verstehen die Interpretationen des Beutelsbacher Konsens im direkten Anschluss an die drei Grundmuster der politischen Bildung, die Sander skizziert hat: Herrschaftslegitimation, Mission und Mündigkeit (Sander 2022a, 24 f.). Manche Kritiken des Beutelsbacher Konsens zielen darauf ab, die affirmativen, möglicherweise herrschaftslegitimierenden Effekte des Beutelsbacher Konsens zu problematisieren.

**SM:** Aus dieser Problematisierung heraus wird in den Mittelpunkt gerückt, dass die unterschiedlichen Anschlussmöglichkeiten an den Beutelsbacher Konsens immer auch den herrschenden Verhältnissen entstammen, diesen entnommen seien und – je nach Gewichtung – daher auch affirmativ verhaftet bleiben (müssen). In dieser Perspektive bildet der Beutelsbacher Konsens einen hegemonialen Macht- und Herrschaftsanspruch ab, der auf die Unter- und die Einordnung in die vorgegebenen gesellschaftlichen Verhältnisse abzielt. Ausdruck dafür ist

> „die unhinterfragte Prominenz des Beutelsbacher Konsens, der im Laufe der letzten dreißig Jahre einen hegemonialen Status erlangt hat. Dessen Prinzipien erscheinen [...] merkwürdig antiquiert und deplatziert. [...] Im Vordergrund steht ein einfaches Ziel: Zweck politischer Bildung ist es, zum individuellen Funktionieren unter den gegebenen Bedingungen beizutragen" (Rodrian-Pfennig 2010, 159).

Der Beutelsbacher Konsens wird hier (vorrangig, ausschließlich?) als Herrschaftsinstrument interpretiert, das zur Herrschaftslegitimation beitrage. Auch diese Anschlussmöglichkeit kann höchst kontrovers diskutiert werden (vgl. dazu die Beiträge in Widmaier/Zorn 2016).

Zumeist gehen diese Einsprüche, Bedenken und Vorbehalte noch mit einer weiteren Diskussion in der politischen Bildung einher. In den Debatten um die selbsternannte kritisch-emanzipatorische politische Bildung nehmen Hinweise, dass der Beutelsbacher Konsens keine ausreichend gesellschaftswissenschaftliche Grundlage und Fundierung bietet, eine zentrale Annahme ein: „Der Beutelsbacher Konsens hat mit Gesellschafts*wissenschaft* nur wenig zu tun" (Eis 2016, 132, Hervor. im Orig.). Das kann, sowohl theoretisch als auch empirisch, der Fall sein! Allerdings liegen glücklicherweise auch mündigkeitsorientierte Anschlussmöglichkeiten an den Beutelsbacher Konsens vor, bei denen ich nicht erkennen kann, wie sie ohne gesellschaftswissenschaftliche Annahmen auskommen können. Es zeigt sich also auch in diesen Problematisierungsversuchen, dass diese eine reflexive politische Bildung ebenso dialektisch erweitern wie dichotom verbauen können.

**ES:** Der Problematisierung, dass der Beutelsbacher Konsens die gesellschaftlichen Bedingungen und Verhältnisse ausblende, lassen sich unterschiedliche Argumentationslinien entnehmen, die sich oft auf das Kontroversitätsgebot beziehen. Eine Interpretationslinie kritisiert dabei ein Verständnis von Kontroversität, das die unterschiedlichen Perspektiven lediglich gleichberechtigt nebeneinanderstellt (vgl. Nonnenmacher 2010, 464; vgl. ähnlich Hammermeister 2016, 173). Dass Kontroversität nicht mit Beliebigkeit verwechselt werden darf und dies eine didaktische Herausforderung darstellt, hast du in deinen Arbeiten bereits weiterführend diskutiert:

> „Kontroversität kann unterlaufen werden, wenn alle Meinungen beliebig nebeneinanderstehen. Denn der gleichberechtigte Einbezug von Perspektiven bildet einen Ausgangspunkt, nicht den Endpunkt des Kontroversprinzips. Kontroversität kann umso fundierter zur eigenständigen Auseinandersetzung anregen, je ernsthafter entgegenstehende Perspektiven in ihren Stärken wahrgenommen werden" (Müller 2022a, 236).

Dazu schlägst du vor, unterschiedliche Ebenen von Kontroversen einzubeziehen, darunter die eigene Kenntnis von Kontroversen als Lehrperson, die Kontroversen *in* der und *über* die Sache, die normativen Antwort- und Begründungsmöglichkeiten und das angestrebte Unterrichtsziel. Im Gegensatz zu einem additiven zielt ein reflexives Verständnis von Kontroversität folglich darauf ab, Perspektiven so auszuwählen, zu strukturieren und in-, mit- und gegeneinander zu diskutieren, dass die Diskussion zu einer Erweiterung der Denk-, Handlungs- und Urteilsmöglichkeiten der Lernenden beitragen kann. Dazu benötigt es eine entsprechende „reflexive Distanz der Lehrenden zu den eigenen Überzeugungen“ (Müller 2022a, 237).

Mitunter wird die reflexive Distanz zur eigenen Normativität jedoch als Neutralitätsgebot missverstanden. Dann wird der Beutelsbacher Konsens verkürzt so interpretiert, dass die Nicht-Überwältigung der Lernenden die ‚politische Neutralität‘ – und das heißt: die Meinungslosigkeit – der Lehrenden voraussetzt. Empirisch zeigt sich, dass diese Missverständnisse und Fehlinterpretationen durchaus unter Lehrenden und Studierenden verbreitet sind (Oberle/Ivens/Leunig 2018).

**SM:** Dazu hat vermutlich auch eine verkürzte Interpretation eines Hinweises von Wehling in seiner Tagungsdokumentation beigetragen, in dem er notierte, dass „der persönliche Standpunkt des Lehrers, seine wissenschaftstheoretische Herkunft und seine politische Meinung verhältnismäßig uninteressant werden“ (Wehling 1977, 179). Zuweilen wird das als Neutralitätspflicht von Lehrenden interpretiert, in schärferen Varianten als Pflicht, eigene politische Grundüberzeugungen zu verschweigen bzw. zu verheimlichen. Das widerspricht jedoch in entscheidenden Hinsichten dem mündigkeitsorientierten Kern, der den Beutelsbacher Konsens auszeichnet. Zudem ist dieser Hinweis von Wehling oftmals aus dem Kontext gelöst. Wehling verweist in dieser Passage auf eine der großen Herausforderungen im didaktischen Gebot der Kontroversität. Er leitet diese ein mit der Frage, „warum der persönliche Standpunkt des Lehrers, seine wissenschaftstheoretische Herkunft und seine politische Meinung verhältnismäßig uninteressant werden“ (ebd.) und liefert umgehend die Begründung: „Sein Demokratieverständnis stellt kein Problem dar, denn auch dem entgegenstehende andere Ansichten kommen ja zum Zuge“ (ebd.). Die Normativität von Lehrenden bildet dann ein Problem, wenn sie unhinterfragt, gesinnungsethisch gesetzt wird, um die Lernenden zu indoktrinieren. Das muss nicht immer bewusst geschehen. Die Normativität von Lehrenden bildet im Rahmen einer reflexiven politischen Bildung eine Lösung, wenn sie befragbar gehalten wird; anders als ein vermeintlich neutraler Standpunkt. Der Merksatz aus Perspektive einer reflexiven politischen Bildung dazu lautet: Auch Neutralität ist eine Perspektive, und zwar eine besonders herrschaftsförmige.

**ES:** In der Fachdidaktik ist es unumstritten, dass Lehrende nicht neutral sein können und auch nicht sein sollten. Ebenso besteht Einigkeit darüber, dass der Beutelsbacher Konsens kein Neutralitätsgebot enthält. Das bedeutet jedoch nicht, dass der Beutelsbacher Konsens nicht als solches instrumentalisiert werden kann. Ein Beispiel aus der jüngeren Zeit sind wohl die von der AfD im Jahre 2018 initiierten Meldeplattformen „Neutrale Schulen". Die AfD bezog sich dabei maßgeblich auf den Beutelsbacher Konsens und ein vermeintliches ‚Neutralitätsgebot'. Darauf haben viele Lehrkräfte mit Verunsicherung reagiert.

**SM:** Das ist auch kaum verwunderlich und gut erklärbar. Oberle/Ivens/Leunig haben in der bereits genannten Studie aufzeigen können, dass der überwiegende Teil von Lehrkräften den Beutelsbacher Konsens kennt, davon aber über die Hälfte annimmt, dass dieser darauf abzielt, dass Lehrer/-innen ihre eigene politische Position nicht äußern dürften. Empirisch ist in dieser Studie auch herausgearbeitet, dass ca. 25 % annehmen, „dass extremistische Positionen im Politikunterricht gleichberechtigt zu behandeln sind" (Oberle/Ivens/Leunig 2018, 58). Auch im Austausch mit Lehrer/-innen und mit Lehramtsstudierenden treten diese Unsicherheiten und Unklarheiten allerorten auf.

**ES:** Die Fachdidaktik hat in diesem Zuge öffentlichkeitswirksam die mündigkeitsorientierten Anschlüsse an den Beutelsbacher Konsens bekräftigt und seine Instrumentalisierung in aller Breite und gebotenen Schärfe zurückgewiesen (u.a. GPJE et al.

2018; Engartner 2018; Oberle 2019; Reinhardt 2019; Besand 2020; Reinhardt 2020a; Pohl 2022). Dabei wurde zum einen daran erinnert, dass es Lehrkräften sehr wohl erlaubt ist, ihre eigene Position zu artikulieren, solange sie auch andere zulassen können; dabei ist jedoch auf die jeweiligen Bedingungen zu reflektieren, die die Gestaltung institutioneller Bildungserfahrungen rahmen. Mitunter ist das Offenlegen der eigenen Normativität dann sogar erforderlich, um als politisch denkender Mensch in Erscheinung zu treten und die Schüler/-innen nicht auf subtile Weise zu überwältigen (Reinhardt 2020a). Zum anderen wurde auch aufgezeigt, dass menschenverachtende Haltungen nicht beliebig neben anderen Perspektiven stehen, weil sie der normativen Grundorientierung einer demokratischen, mündigkeitsorientierten politischen Bildung widersprechen. Hier kommt wieder die Begründungspflicht ins Spiel, jenseits von gesinnungsethischen Behauptungen: „Politische Bildung ist getragen von einer demokratisch-humanen Grundhaltung und kann deshalb unmöglich auf eine Neutralität gegenüber autoritären, menschenfeindlichen und geschichtsrevisionistischen Aussagen verpflichtet werden“ (Schmitt 2020, 20). Als solche sind diese Aussagen daher nicht durch das Kontroversitätsgebot geschützt (Franke/Pohl 2020, 393). Auffällig ist hier dann doch die Diskrepanz zwischen den fachdidaktischen Diskussionen und den Überzeugungen von Lehrer/-innen.

**SM:** Vor dem Hintergrund unserer Diskussion hat das viel damit zu tun, dass der strukturelle und normative Gehalt des mündigkeitsorientierten Horizonts des Beutelsbacher Konsens erst langsam stärker diskutiert wird. Eines der stärksten Argumente aus der damaligen Diskussion entnehme ich den Hinweisen von Reinhardt: „So wenig Lernende, die das System der Mathematik durch Ahnungslosigkeit demontieren, aus dem Mathematik-Unterricht fliegen, werden Lernende, die die verfassungsmäßige Ordnung im Geiste demontieren, des Unterrichts verwiesen“ (Reinhardt 2019, 19).

**ES:** Politische Bildung ist damit vor die Herausforderung gestellt, die Infragestellung normativer Vorgaben und Überzeugungen, auch der ‚guten', pädagogisch so bearbeitbar zu gestalten, dass geschichtsrevisionistische und menschenfeindliche Aussagen nicht unwidersprochen bleiben. Vielmehr geht es darum, Bildungserfahrungen zu ermöglichen, in denen individuelle und gesellschaftliche Annahmen diskutiert, reflektiert und damit auch verändert und weiterentwickelt werden können. Genau das, Angebote zur Reflexion des Selbst- und Weltverhältnisses zu unterbreiten, macht politische Bildung zu *Bildung*.

**SM:** Und der Modus dieser Bildung bewegt sich zwischen Dialog und Grenzziehung (Müller 2022e, 496) – und nicht im Modus des Kampfes, in dem die Lernenden bekämpft werden.

**ES:** Eine andere Linie, die sich auf die fehlende gesellschaftstheoretische Fundierung des Beutelsbacher Konsens stützt, problematisiert hingegen die Entstehungs- und Wirkungsbedingungen des Beutelsbacher Konsens und entdeckt hier eine konservative Stilllegung bzw. einseitige Schließung zulasten linker, kritisch-emanzipatorischer Perspektiven. Die Kritik lautet dann: Der Beutelsbacher Konsens sei ein Produkt des Radikalenerlasses der 1970er Jahre und habe zu einer Befriedung der gesellschaftlichen Konflikte geführt, wie sie sich an den Hessischen Rahmenrichtlinien entzündet hatten (Hammermeister 2016; Lösch 2016). Ich möchte aber davor warnen, den Beutelsbacher Konsens vorschnell auf den Radikalenerlass zurückzuführen. Wenn man sich die Diskussionen im Vorfeld und im Anschluss an den Beutelsbacher Konsens genauer anschaut, trifft die Annahme, dass der Konsens aus dem Radikalenerlass hervorgeht, empirisch allenfalls bedingt zu. So waren viele Didaktiker bereits vor der Tagung bestrebt, eine Verständigung über professionalisierte Annahmen institutionell organisierter politischer Bildung zu finden. Schon zu diesem Zeitpunkt zeichnete sich ab, dass gesinnungsethische Konzepte problematisiert und demgegenüber offene Bildungskonzepte gesucht wurden, die die Mündigkeit der Lernenden anerkennen und fördern. Mit dem Konsens waren die gesellschaftspolitischen Auseinandersetzungen in der Fachdidaktik zudem nicht beendet. Vielmehr wurden sie in den Folgejahren zunächst sehr lebendig weitergeführt. Dass die kontroversen Debatten dann in den 1980er Jahren abnahmen, hat vermutlich auch mit der damaligen Situation der politischen Bildung an den Universitäten zu tun, die kaum noch vorhanden war, und wohl auch damit, dass mit dem frühen Tod von Schmiederer 1979 ein zentraler Protagonist in diesen Kontroversen wegfiel (Pohl/Will 2016).

**SM:** Es gibt in der Geschichte der politischen Bildung noch viel aufzuarbeiten. Einer der Gegenspieler von Schmiederer war Hornung, der in den 1980er Jahren bereits für rechtsextreme Zeitschriften arbeitete. Gleichzeitig gab Hornung das ‚Politisch-pädagogische Handwörterbuch' heraus. Oder um ein anderes Beispiel zu nennen: Hans-Helmuth Knütter, Politikdidaktiker, der von 1972 bis 1997 ganze Generationen von Politiklehrer/-innen ausgebildet hat, argumentierte bereits in seiner Habilitationsschrift ‚Die Juden und die deutsche Linke in der Weimarer Republik: 1918–1933' aus dem Jahre 1971, dass die Juden doch irgendwie auch selbst schuld an ihrer Verfolgung und Vernichtung waren. In den 1970er Jahren bis weit in die 1990er Jahre hinein war er als Politikdidaktiker ebenso gefragt wie aktiv. Dass die kontroversen Debatten in den 1980er abnahmen, hat auch damit zu tun, dass diese Linie in der Politikdidaktik bis heute praktisch ausgeblendet wird.

**ES:** Eine weitere Problematisierung zeichnet sich in aktuellen Diskussionen um die Bewilligung von Projektanträgen in der außerschulischen politischen Bildung ab, beispielsweise durch die *Bundeszentrale für politische Bildung*. Hier wird argumentiert, dass der Beutelsbacher Konsens als Mittel der Herrschaftslegitimation instrumentalisiert wird, um darüber kritisch-emanzipatorische Ansätze der politischen Bildungsarbeit von öffentlicher finanzieller Förderung auszuschließen – mit der Begründung, sie verletzten das Überwältigungs- ebenso wie das Kontroversitätsgebot (für eine Übersicht: vgl. Geßner/Hoffmann/Lotz/Wohnig 2016; Widmaier 2016). Tatsächlich schließen die Förderrichtlinien der *Bundeszentrale für politische Bildung* eine Förderung von Maßnahmen aus, „in denen die vorausgesetzte Entscheidungsfreiheit der Teilnehmenden durch für sie bindende Beschlüsse mit dem Ziel politischer Aktionen aufgehoben wird (Überwältigungsverbot)" (GMBI 2012, 811). Darüber hinaus weisen die Förderrichtlinien explizit auf die Einhaltung des Kontroversitätsgebots hin: „Die Durchführung [von geförderten Veranstaltungen, SM/ES] soll den didaktischen Prinzipien der politischen Bildung entsprechen. Dazu gehört auch, dass inhaltlich bzw. politisch kontroverse Positionen angemessen darzustellen sind" (GMBI 2012, 811). Auch hier lässt sich in beiden Fällen – beim Fördergrundsatz des Überwältigungsverbots und der Kontroversität – nachzeichnen, dass die Diskussionen weiter zurückreichen als der Beutelsbacher Konsens (vgl. Detjen 2016; Pohl/Will 2016). Das wiederum zeigt, dass die politische Bildung schon vor dem Beutelsbacher Konsens mit Fragen professioneller Standards beschäftigt war, die dann in einer prägnanten Form in den Beutelsbacher Konsens mündeten. Die Frage lautet nun: Wie werden diese fachdidaktischen Standards genutzt – um mündigkeitsorientierte Bildungserfahrungen zu ermöglichen oder um unliebsame, den eigenen Einstellungen und Überzeugungen entgegenstehende Positionen zu verhindern?

**SM:** Instrumentalisierungen kennen keine Grenzen. Dieser Hinweis ist ganz wichtig für die Gestaltung von Bildungserfahrungen, für die politische Bildung, die sozialwissenschaftliche Fachdidaktik und auch für die Logik von Förderanträgen und Drittmitteln. Es gibt – und darauf baut eine reflexive politische Bildung auf – keine theoretischen Konzepte oder Modelle, die vor Instrumentalisierungen automatisch geschützt wären. Auch der Beutelsbacher Konsens nicht.

ES: Selbstverständlich kann der Beutelsbacher Konsens von Fördergeldgebern auch instrumentell verwendet werden, weshalb dieser Hinweis nicht missachtet werden darf, sondern in der außerschulischen politischen Bildung offen diskutiert werden muss. Umgekehrt ist aber auch möglich, dass hier gegen die Standards der Profession polemisiert wird, um eine öffentliche finanzielle Förderung für Aktivitäten zu erhalten, die weit von politischer Bildung entfernt sind. Gerade das Feld der Demokratieförderung bringt hier enorme Herausforderungen. „Neigungen zur Mission, zur Predigt, zur ‚moralischen Dauernötigung des Guten' (Guggenberger) treten wohl nicht nur bei Lehrerinnen und Lehrern, sondern wohl auch in der außerschulischen politischen Bildung immer wieder auf" (Henkenborg 2009, 27).

Matthias Brodkorb hat kürzlich ein Beispiel von einem queeren Bildungs- und Antidiskriminierungsprojekt aus Greifswald nachgezeichnet, das in den Jahren 2020 bis 2022 mit fast einer halben Million Euro gefördert wurde und auf einer feministischen Demonstration Redebeiträge hielt und diese als Podcast veröffentlichte, die aus Aussagen bestehen wie: „Ich will nur Macker ankacken, Sexisten nerven, transfeindlichen Leuten ans Bein pinkeln" oder „Alle Mackertypen halten kurz mal ihre Fresse/Ich will, dass hier nur noch diejenigen reden/Die den Grund ham zu bewegen/Was Privilegierte nicht verstehn" (vgl. auch Brodkorb 2022). Da wird im Namen queerer Bildung so ziemlich das Gegenteil von queerer Bildung forciert.

Nun mag man einwenden, dass es sich hierbei um einen Einzelfall handelt. Mir geht es aber um die strukturelle Seite der Problematik. Förderprogramme wie „Demokratie leben!" haben eine eigene Logik, die an bestimmten Stellen mit der Förderung von Mündigkeit auch im Widerspruch steht – was nicht bedeutet, dass die vielzähligen Akteur/-innen im Feld ihre Möglichkeiten nicht zur Förderung und Unterstützung von Mündigkeit nutzen. Trotzdem bleibt die Struktur der Projektförderung auch ein Problem.

**SM:** Weil die politische Bildung keine Feuerwehr ist, die man nur braucht, wenn es brennt, dann aber schnell und zu lange soll es auch nicht dauern, weil das schließlich nur kostet. Rückblickend war die politische Bildung noch nie gut beraten, wenn sie sich instrumentalisieren lässt oder gar der Instrumentalisierung andient – und das wird auch künftig so sein. Nochmals: die gesinnungsethischen und utilitaristischen Nutzenerwägungen verbleiben an einer bestimmten Stelle unterbestimmt – an der Mündigkeit.

**ES:** Klaus Waldmann (2020) hat hierzu eine aufschlussreiche Expertise für das Deutsche Jugendinstitut (DJI) angefertigt, die die Entwicklungen in der außerschulischen politischen Jugendbildung in Deutschland seit 1990 nachzeichnet. Darin weist er nach, wie gravierend der strukturelle Wandel in der Förderung der politischen Jugendbildung ist. Erkennen lässt sich eine starke Verschiebung von der allgemeinen und regelmäßigen Förderung, z.B. durch den Kinder- und Jugendplan des Bundes (KJP), zur zeitlich befristeten und inhaltlich fokussierten Projektförderung über Bundesprogramme wie „Demokratie leben!". 2019 betrug das Fördervolumen von „Demokratie leben!" etwa zehnmal so viel wie das des KJP-Programms „Politische Bildung" im selben Jahr. Das anstehende Demokratiefördergesetz und die daran anschließenden Förderrichtlinien könnten diese Tendenz abschwächen und Planungssicherheit schaffen oder zur weiteren Verschärfung beitragen.

In der politischen Bildung werden dadurch auch Fragen rund um eine weitere aktuelle Problematisierung des Beutelsbacher Konsens sichtbar. Dabei wird aus einer Linie der Vorwurf erhoben, dass sich mithilfe des Beutelsbacher Konsens nicht reflektieren lasse, inwiefern Kontroversität gesellschaftlich ab- und politische Apathie zunehme, wer an kontroversen Diskussionen (nicht) beteiligt sei und warum bestimmte Perspektiven (nicht) hegemonial würden (Lösch 2016; Hammermeister 2016). Indirekt wird damit jedoch nicht der Beutelsbacher Konsens selbst, sondern die realen gesellschaftlichen und politischen Gegebenheiten kritisiert. Problematisiert wird dann beispielsweise, dass bestimmte Positionen und damit Kontroversen gar nicht in Wissenschaft abgebildet würden, weil diese inzwischen vornehmlich durch eine Drittmittellogik bestimmt sei (Lösch 2016, 225). Didaktische Prinzipien und damit auch der Beutelsbacher Konsens können gesellschaftliche Problemlagen aber nicht unmittelbar lösen; darin sind sich Didaktiker/-innen heute einig.

**SM:** Was hat diese Kritik dann mit dem Beutelsbacher Konsens zu tun?

**ES:** Zum einen, dass eine Ablehnung des Beutelsbacher Konsens aus besagten Gründen nicht überzeugen kann, weil sie an den darin festgehaltenen didaktischen Prinzipien vorbeigeht. Wenn man sich vom Beutelsbacher Konsens bestimmte fachwissenschaftliche Einsichten und Übereinkünfte erhofft, kann das nur enttäuscht werden, weil – wie wir bereits festgehalten haben – weder die zukünftigen gesellschaftlichen Bedingungen und Gegenstände der politischen Bildung noch die konkreten Lernergebnisse für die Lernenden vorweggenommen werden können.

Zum anderen ließen sich dieser Interpretationslinie mit Blick auf die Gestaltung reflexiver Bildungserfahrungen aber auch weiterführende Prüffragen entnehmen: Warum wähle ich als Lehrperson bestimmte Perspektiven (nicht) aus und stelle diese, andere aber nicht zur Verfügung? Inwiefern orientiere ich mich bei der Auswahl und der Gestaltung von Inhalten und Lernarrangements daran, die Denk-, Handlungs- und Urteilsmöglichkeiten der Lernenden zu erweitern – und gelingt es mir gleichzeitig auch mitzubedenken, inwiefern dies ihre Freiheitsmöglichkeiten verstellen kann? Welche eigenen normativen und gesellschaftspolitischen Momente leiten mich, die ich mir bewusst machen und damit befrag- und diskutierbar halten kann und sollte? Wenn wir uns vergegenwärtigen, dass die didaktischen Prinzipien aus mündigkeitsorientierter Perspektive auch zur Reflexion auf innere Gegenläufigkeiten anhalten, dann kann mit dem Beutelsbacher Konsens sehr wohl darauf reflektiert werden, welche Perspektiven den Lernenden aus welchen Gründen zur Verfügung gestellt, aber auch vorenthalten werden. Genau darauf zielt eine reflexive politische Bildung ab.

**SM:** Aus einer mündigkeitsorientierten Perspektive zeichnet sich hier erneut die Notwendigkeit einer Reflexion auf die (eigenen) in Anspruch genommenen normativen Annahmen ab: Werden die Lernenden als reine Befehlsempfänger/-innen der moralischen, gesellschaftlichen und politischen Grundüberzeugungen der Lehrenden konzeptualisiert oder werden demgegenüber die Autonomiemöglichkeiten der Lernenden anerkannt, gefördert und unterstützt? Letzteres bedeutet dann aber stets, dass auch noch die gut gemeinten Bildungsangebote befrag- und distanzierbar gehalten werden müssen.

Deutlich wird zudem, dass die Kritik des Grundmusters von Herrschaftslegitimation ohne die Reflexion auf (eigene und andere) normative Annahmen unterbestimmt verbleibt. Das, was als gut und erstrebenswert, sogar als unhintergehbar erscheint, bezieht sich immer auch auf normative Annahmen, die im weiten Feld der Verbesserung von Freiheitsmöglichkeiten in und durch die Gesellschaft verankert sind. Hier lauern die gesinnungsethischen und identitätspolitischen Verlockungen, die scheinbar Sicherheit bieten.

**ES:** Dann zeigt sich, dass der Beutelsbacher Konsens nicht nur als Mittel der Herrschaftslegitimation instrumentalisiert werden kann, sondern auch die Kritik an ihm als Ausdruck der Gesinnungsethik, der Mission.

SM: Allerdings. Bereits im kursorischen Blick zeigt sich, dass es sich bei der Tiefenstruktur des Beutelsbacher Konsens um eine anspruchsvolle Argumentationsfigur handelt. Wie das bei komplexeren Denkfiguren der Fall ist, kann ohne Weiteres an Momente, Teilbereiche und Partikularaspekte angesetzt werden, die dann – jeweils begründbar – als *Kritik* benutzt werden können. Der Preis dafür ist aber, dass die mündigkeitsorientierte Argumentationsfigur – sei es auf struktureller Ebene, weil dichotom angeschlossen wird, sei es auf normativer Ebene, weil gesinnungsethisch angeschlossen wird – zerstört wird. Dabei werden mündigkeitsorientierte Bildungserfahrungen verstellt, wenn die Kritik in Dichotomien und Gesinnungsethik aufgelöst wird.

## 2.4 Beispiel: Beutelsbacher Nonsens. Die Lösung des Nahostkonflikts mit dem Beutelsbacher Konsens

ES: Der Beutelsbacher Konsens in der Trias von Indoktrinationsverbot, Kontroversitätsgebot und Autonomieprinzip bildet den Dreh- und Angelpunkt einer reflexiven politischen Bildung. Hier entscheidet sich maßgeblich, inwiefern Denk-, Handlungs- und Urteilsmöglichkeiten (nicht) verstellt werden.

SM: Einige Missverständnisse sind dabei zu benennen. Eine schematische Anwendung des Beutelsbacher Konsens, insbesondere des Kontroversitätsgebots, führt meist direkt in den Nonsens. Zwei Seiten werden dann ausgewählt, die strukturell zunächst ein ‚Entweder-oder' zulassen und oft auch darin enden. Eine reflexive politische Bildung stellt auf eine Befragung um. Am Beispiel der Auseinandersetzung mit dem Nahostkonflikt lässt sich die Differenz von dichotomen und reflexiven

Verständnissen des Beutelsbacher Konsens, insbesondere des Kontroversitätsgebots, gut veranschaulichen.

Adorno und Horkheimer zeigen in den ‚Elementen des Antisemitismus' die „Grenzen der Aufklärung" (Horkheimer/Adorno 2003 [1947], 192 ff.). Das ist auch wortwörtlich zu verstehen. Im eigenen Selbstverständnis will kaum jemand Antisemit sein, die empirische Umfrageforschung verdeutlicht ein anderes Bild (Zick/Küpper 2021). Das steht zunächst einmal kontraintuitiv zum gängigen pädagogischen Selbstverständnis: Dort soll, kann und muss alles aufgeklärt werden. Nach Adorno und Horkheimer ist das aber nur die eine Seite. Auf der anderen gibt es so etwas wie die Eigenständigkeit gesellschaftlicher Vorstellungen über ‚den Juden', der für alle Übel in der Welt verantwortlich gemacht wird und daraus wird die Legitimation für die Ausgrenzung und Verfolgung, letztlich auch für die Vernichtung bezogen. Die nationalsozialistische Parole lautete dementsprechend: ‚Die Juden sind unser Unglück'. Nicht nur eine Jahrzehnte oder Jahrhunderte, sondern eine Jahrtausende alte Tradition verdichtet sich im antisemitischen Ressentiment, das auch immer zur Tat drängt. Die Auseinandersetzung mit dem Antisemitismus ist der Prüfstein einer mündigkeitsorientierten politischen Bildung heute. Am Beutelsbacher Konsens wird dies besonders einprägsam deutlich, z.B. in den hilflosen Versuchen, den Nahostkonflikt mit dem Kontroversitätsgebot zu lösen. Hier verdichten sich die Missverständnisse und Verkürzungen, wenn die mündigkeitsorientierte Tiefenstruktur nicht erkannt wird.

**ES:** Inwiefern kommt es hier zur Reduktion des Kontroversitätsgebots auf ein dichotomes Entweder-oder, das die mündigkeitsorientierte Tiefenstruktur des Beutelsbacher Konsens unterläuft?

**SM:** Dass das Kontroversitätsgebot des Beutelsbacher Konsens zum Zwei-Seiten-Prinzip, zur Zwei-Seiten-Dichotomie verkommt, kann zunächst nicht dem Beutelsbacher Konsens angelastet werden. Das Kontroversitätsgebot ist im

Horizont des Autonomieprinzips gedacht. Wenn nun aber im reduktionistischen Verständnis zwei Seiten ausgewählt werden, kann das dazu führen, dass eine islamistische Terrorgruppierung mit einem demokratischen Staat gleichgesetzt wird. Hinzu kommt in dem Fall noch die antisemitische Motivation, die die Vernichtung des jüdischen Staates anstrebt. Das verweist nun auf die entscheidende Frage: Wie wird das in Bildungsmaterialien und Unterrichtsskizzen (nicht) thematisiert? Es kursieren Vorschläge, in denen islamistische, antisemitische Propaganda und die Interessen des israelischen Staates als zwei gleichberechtigte Seiten ausgemacht werden, die dann frisch, fromm, fröhlich und frei im Unterricht besprochen werden sollen. Was hier an stillschweigend vorausgesetztem gesellschaftlich verfügbarem Wissen über ‚die Juden' eingeht, kann nur erahnt und vor allem befürchtet werden. Die empirische Forschung verweist auf virulente Ressentiments (Unabhängiger Expertenkreis Antisemitismus 2017; Schwarz-Friesel 2020; Zick/Küpper 2021; Decker et al. 2022).

Die normative Tiefenstruktur des Beutelsbacher Konsens zielt demgegenüber auf die Befragung und Kritik menschenverachtender Positionierungen und von Ressentiments ab und gibt mitnichten einen Deckmantel für das gleichberechtigte Nebeneinanderstellen von antisemitischen, islamistischen und demokratischen Positionierungen ab, ohne die entscheidenden Differenzen kenntlich zu machen – noch dazu im Kontext von Nachfahren von Täter/-innen und Mitläufer/-innen in Deutschland.

**ES:** Dazu hat wohl auch die Pro-Contra-Methode beigetragen. Diese ist nicht als Methode an sich problematisch, sondern in ihrer schematischen Anwendung.

**SM:** Ja, und zwar an der Stelle, an der Pro-Contra-Diskussionen nicht mehr als Startpunkt reflexiver Befragungen, sondern bereits als Ziel verstanden werden.

**ES:** Dann werden die jeweilig ausgewählten Perspektiven nicht mehr auf ihre vorausgesetzten Annahmen, ihre Folgen und auch ihre möglichen ideologischen und menschenverachtenden Inhalte befragt, sondern als (unhinterfragte) Positionierungen gesetzt. Wie sähe demgegenüber denn eine reflexive Auseinandersetzung, eine dem Kontroversitätsgebot entsprechende Diskussion des Nahostkonflikts aus?

**SM:** Zunächst einmal geht es darum, auf Befragungen umzustellen. Dabei nehmen die normativen Annahmen eine besondere Bedeutung ein, sowohl die eigenen als auch die gesellschaftlich vorfindlichen. In einer solchen Befragung könnten dann durchaus aktuelle Herausforderungen diskutiert werden, die sich demokratischen Staaten stellen, wenn sie asymmetrischer Kriegsführung ausgesetzt werden. Die Struktur, die hier im Anschluss an das Autonomieprinzip des Beutelsbacher Konsens im Hintergrund steht, ist das Verhältnis von (Nicht-) Wissen und (Selbst-)Reflexion, das grundlegend für eine reflexive politische Bildung ist. Im Falle der Auseinandersetzung mit gesellschaftspolitisch umstrittenen Fragen bewährt sich das Autonomieprinzip besonders: Wie und wodurch werden individuelle und gesellschaftliche Freiheitsmöglichkeiten verstellt und ermöglicht? Das wiederum verlangt eine reflexive Distanz zu den eigenen, unmittelbaren Annahmen. Um es auf den Punkt zu bringen: Die Lösung des Nahostkonflikts wird nicht im Fachunterricht an deutschen Schulen gelingen. Gelingen kann aber die Information und Aufklärung darüber, wie Antisemitismus auch heute noch die Verfolgung und Vernichtung von Juden und Jüdinnen, repräsentiert hier im Staat Israel, legitimiert. Die Diskussionen um den Nahostkonflikt sind durchzogen von antisemitisch grundierten Narrativen. Den Nahostkonflikt als Streit von zwei Konfliktparteien im schulischen Fachunterricht zu verhandeln, ist daher mindestens unterkomplex. Gelernt werden kann an den Diskussionen allerdings, wie wirkmächtig die Legitimierungen antisemitischer Narrative bis heute sind, in Deutschland, in Europa und auch weltweit. Die Rationalisierungen und Projektionen, die hier eingehen, als Lern- und Bildungserfahrungen angemessen aufzubereiten, das ist die Herausforderung. Das steht dann auch im deutlichen Kontrast zu den Vorhaben, die einer unterkomplexen Perspektive verhaftet bleiben ...

**ES:** ... die dann auch von der langen Tradition, der Kontinuität antisemitischer Bilder und Narrative abstrahieren (Bernstein/Diddens 2022) ...

**SM:** ... und dadurch legitimieren und produzieren. Ich erinnere mich an einen Schlusskommentar, der vor einiger Zeit in der GWP erschien:

> „Da sind die, die sich für die Palästinenser engagieren wollen. Wenn sie deswegen die BDS-Bewegung unterstützen, machen sie sich – nolens volens – zu Genossen von Hamas und anderen Israelfeinden. Da sind die, die sich für unbedingte Meinungsfreiheit einsetzen. Wenn sie deswegen die BDS-Bewegung unterstützen, fördern sie zugleich womöglich Antisemitismus. Und da sind die, die den Antisemitismus bekämpfen wollen. Wenn sie deswegen die BDS-Bewegung bekämpfen, beleidigen und beschädigen sie diejenigen, die mit guten Gründen dafür sind" (Budrich 2021, 117).

Die GWP ist ein Zentralorgan der politischen Bildung, das von Lehrer/-innen gelesen wird. Was sollen Lehrer/-innen aus einer solchen Schlussfolgerung entnehmen – vor dem Hintergrund der empirischen Datenlage, die auf die Virulenz antisemitischer Ressentiments hinweist? Das ist der verkürzte Anschluss an den Beutelsbacher Konsens, der als Inhaltsindifferenz in einer Äquidistanz verharrt. Mit Verlaub, das ist Beutelsbacher Nonsens.

# 3. Reflexive politische Bildung

ES: Die Perspektive, die du mit deiner Habilitationsschrift für die politische Bildung geprägt hast, ist Reflexivität (Müller 2021a). Dass eine mündigkeitsorientierte politische Bildung beansprucht, auch reflektiert oder reflexiv zu sein, ist zunächst nicht weiter verwunderlich. Es kommt deshalb darauf an, die jeweiligen Annahmen und möglichen Folgen von ‚Reflexivität' zu klären. Kannst du daher bitte zunächst darstellen, auf welches Konzept von Reflexivität du dich beziehst und warum eine Umstellung auf reflexive Perspektiven angeraten ist?

SM: Zunächst erscheint mir hier der Hinweis wichtig, dass ‚Reflexivität' selbstverständlich nicht einem einzigen wissenschaftstheoretischen Paradigma vorbehalten bleibt, wie die heterogenen Bezugnahmen im fachdidaktischen, aber auch im sozialwissenschaftlichen Diskurs zeigen. Im dialektischen Paradigma werden diese Bezugnahmen und die dahinter liegenden Vorstellungen in einer bis heute einflussreichen Art und Weise thematisierbar, weil dort die stillschweigenden dichotomen Voraussetzungen in den Blick rücken. Darin liegt ein erhebliches, aber bislang unausgeschöpftes Problembearbeitungspotential für die Fachdidaktik der politischen Bildung. ‚Reflexivität' ist aber, wie gesagt, nicht auf ein einziges Paradigma beschränkt. Wichtig an dieser Stelle ist zunächst, dass eine reflexive politische Bildung die Annahmen und möglichen Folgen der jeweiligen Ansätze und Zugänge, die auch in der politischen Bildung heterogen ausfallen und wissenschaftstheoretisch miteinander konkurrieren können, befragt. Es versteht sich von selbst, dass dabei auch die eigenen Begriffe, die eigenen Instrumente und Werkzeuge zur Befragung stehen.

## 3.1 Reflexivität – wie und wodurch?

ES: In deinen Arbeiten grenzt du die Reflexivität bzw. Reflexion vom Reflex ab. Was unterscheidet diese voneinander?

SM: Auf einer allgemeinen Ebene kann Reflexivität als Form der Befragung beschrieben werden. In Abgrenzung dazu bezieht sich der Reflex unmittelbar auf das Bekannte, Gegebene, auf die Normalität und nimmt diese als gegeben hin, möglicherweise auch als unhinterfragbar. Die Unterscheidung von Reflexivität und Reflex ist eine idealtypische, die ich vorschlage, um zunächst einmal die Größen und Grenzen der jeweiligen Distanzierungsmöglichkeiten zu individuellen und gesellschaftlichen Annahmen in den Blick zu bekommen. Und ich will wohl meinen, dass dies eine zentrale Kompetenz einer professionalisierten Fachdidaktik ist.

Die Denkfigur, die den Reflex idealtypisch charakterisiert, ist die Proklamation: „Das ist so!" Demgegenüber setzt eine dialektische Reflexion auf eine Fragefigur: „[W]ir haben nicht die Dialektik so vollständig, daß in ihr in der Tat so etwas wie die Einheit oder Versöhnung ihrer Momente erreicht wäre, sie ist offen, sie ist gewissermaßen eine Fragefigur" (Adorno o. J. [1957/1958], 282). Fragefiguren sind zunächst nicht an eine einzige wissenschaftstheoretische Verortung gebunden. Im Reflex können die jeweils (nicht) bevorzugten Verortungen jedoch abgewehrt werden.

ES: Diese Differenz hast du auch in Auseinandersetzung mit den Arbeiten von Steinert entwickelt, der zwischen ‚rechthaberischem Realismus' und ‚reflexiver Dialektik' differenziert (Steinert 1998). Bei dir erscheint diese Unterscheidung in der Terminologie von ‚Reflex' und ‚Reflexion'. Steinert verwendet zur Veranschaulichung ein, wie ich finde, eindrückliches Bild: ein Gebäude, um das diverse Kameras positioniert sind. Während es dem rechthaberischen Realismus darum geht, eine einzige

Perspektive als die ‚richtige' auszuwählen – nämlich die eigene –, ist die reflexive Dialektik daran interessiert, die jeweiligen Kameras, ihre Einstellungen, Positionierungen wie auch ihre Verhältnisse zueinander zu rekonstruieren. Reflexive Modelle können so „die Gesamtkonstellation beschreiben, die sozialen Konflikte und Herrschaftsbeziehungen identifizieren, aus und in denen die verschiedenen Perspektiven eingenommen werden – darunter auch die Perspektive des jeweiligen Interpreten" (Steinert 1998, 68). Dann geht es auch darum, die Rahmenbedingungen und Strukturen zu beschreiben, die die jeweiligen Perspektiven bedingen und prägen. Steinert zieht dies in der Figur der ‚stillschweigenden Voraussetzungen' zusammen: „Unsere Aufgabe als Interpreten besteht in der Rekonstruktion dieser möglichen Kontexte, also des nicht Ausgesprochenen. Die Bedeutung des gesellschaftlichen Objekts liegt in den stillschweigenden Voraussetzungen der verschiedenen Interpretationen" (Steinert 1998, 75).

**SM:** Genau darum geht es: Wie lassen sich Formen der Distanzierung zu Selbstverständlichkeiten gewinnen – für Lernende, aber auch für Lehrende? Diese Distanzierungen sind zudem normativ anspruchsvoll. Es geht in der Gestaltung von politischen Bildungserfahrungen schließlich darum, wie die Denk-, Handlungs- und Urteilsmöglichkeiten der Beteiligten unterstützt und nicht untergraben werden können. Steinert eröffnet hier eine Perspektive, die auch eine bestimmte Aktualisierung der Kritischen Theorie Adornos vornimmt, um einige klassische Engführungen zu vermeiden. Mit der Kritischen Theorie genügen Selbstverortungen als kritisch-emanzipatorische politische Bildung schon lange nicht mehr. Steinert hat den Blick auf einen blinden Fleck freigelegt, um deutlich zu machen, dass Selbstverortungen in rechthaberischen Realismus münden oder in diesem verortet sein können. Er arbeitet damit eine Lösungsmöglichkeit heraus, die jenseits von Dichotomien auf eine zentrale Herausforderung politischer Bildung reagiert:

Wie kann mit den eigenen politischen Grundüberzeugungen in der Gestaltung von Bildungserfahrungen (nicht) umgegangen werden?

Steinerts Hinweise auf ein dialektisches Verfahren, das auf die Rekonstruktion heterogener Perspektiven setzt, um darüber Aufschlussreiches über individuelle und gesellschaftliche Normalitätsvorstellungen zu erhalten, können an einem Punkt jedoch missverstanden werden. Mehrperspektivität reicht für eine dialektische Argumentation nicht aus. Perspektivenvielfalt im Horizont einer reflexiven politischen Bildung zielt nicht allein auf eine quantitative, sondern vor allem auf eine qualitative Differenz ab. Um im Bild zu bleiben: Wenn drei, fünf oder sieben Perspektiven auf den Gegenstand rekonstruiert wurden, dann kann rasch ein szientistisches Missverständnis entstehen, dass dies bereits Multiperspektivität sei. Eine reflexive politische Bildung meldet hier Widerspruch an: Was garantiert mir, dass die drei, fünf oder sieben Perspektiven zur Förderung von Denk-, Handlungs- und Urteilsmöglichkeiten beitragen? Meine Antwort: Die Reflexion auf die normativen Annahmen und Effekte für die Förderung und Verhinderung von Denk-, Handlungs- und Urteilsmöglichkeiten.

**ES:** Steinerts Bild und Konzept von sozialwissenschaftlicher Multiperspektivität ist damit an der Qualität der Befragung und nicht an der Quantität der Perspektiven orientiert. Darüber hinaus werden noch zwei andere Aspekte sichtbar. Die Perspektiven sind nicht einfach da, sondern sie sind sozial sowie institutionell und gesellschaftlich konstituiert und konstruiert. Steinert führt zur Analyse der Perspektiven das psychoanalytische Interaktionsprinzip der ‚Übertragung' und ‚Gegenübertragung' an: Wenn wir uns mit einem Gegenstand beschäftigen, dann reaktivieren wir oft erst mal das uns bereits Bekannte, Vertraute, weil dies rasche und schnelle Einordnung und damit auch Gelegenheit zur Abwehr ermöglicht. Genau diese Reaktionen geben uns Aufschluss über die gesellschaftlich verfügbaren (und eingeschränkten) Perspektiven. In Interaktionen, gerade in Bildungserfahrungen, werden die dabei erlernten Regeln und Muster bewusst und unbewusst reaktiviert (Übertragung). Die Beziehung oder Person, auf die wir etwas übertragen, bleibt davon aber nicht unberührt, ist nicht bloß Empfängerin der Übertragung und damit ein unbeschriebenes Blatt, sondern reagiert ebenso darauf (Gegenübertragung). In die Gegenübertragung wirken also auch eigene Beziehungsmuster und Erfahrungen hinein. Gegenübertragungen können sich beispielsweise durch eine übereinstimmende oder sogar komplementäre, gegenteilige Reaktion äußern, die das Gegenstück zur Übertragung darstellt. Diese Reaktionen versteht Steinert nun nicht als Hindernis, sondern als „Hilfsmittel der Erkenntnis“ (Steinert 1998, 70), über das wir die Perspektive der anderen verstehen lernen können. Da wir alle übertragen und gegenübertragen, gibt es keinen ‚objektiven‘ im Sinne von ‚neutralen‘ Standpunkt – das wäre ein missverständlicher und zumal rechthaberischer Begriff von Objektivität; vielmehr rücken die gesellschaftlichen, die intersubjektiven und individuellen Prozesse in den Mittelpunkt.

Zweitens finden diese Prozesse in einem institutionellen und gesellschaftlichen Rahmen statt, der die Interaktionen strukturiert. Steinert bezeichnet dies als Arbeitsbündnis:

> „Wir verstehen, indem wir uns die Regeln der Situation klarmachen, in der wir uns aufgrund von Übertragung und Gegenübertragung im Rahmen der äußeren gesellschaftlichen Vorgaben und der vorhandenen Requisiten befinden. Diese Regeln, die also vom organisatorischen, institutionellen und sonst gesellschaftlichen Rahmen der Interaktion und von den Beteiligten vorgegeben, vorausgesetzt und ausgehandelt werden, kann man als ‚Arbeitsbündnis‘ zusammenfassen“ (Steinert 1998, 70).

Das Konzept von Reflexivität, das uns vorschwebt, zielt damit nicht nur auf die subjektiven und intersubjektiven Anteile am

Erkenntnisprozess, sondern auch auf die institutionellen und gesellschaftlichen Strukturen ab und wie diese Erkenntnis bedingen.

**SM:** Und wo und wie wird das in der didaktischen Gestaltung von Bildungserfahrungen reflektiert? Hier wird die Bedeutung einer reflexiven Perspektivenvielfalt einprägsam deutlich. Wird psychoanalytisches Wissen einbezogen, dann wird deutlich, wie das Verhältnis von Übertragung und Gegenübertragung die institutionelle Gestaltung von Bildung bis ins Innerste prägt. Breidenstein hat vor längerer Zeit den ‚Schülerjob' rekonstruiert (Breidenstein 2006). Der Schwerpunkt liegt dabei auf den Erwartungshaltungen und Positionen, in die Schüler/-innen unter institutionellen Bedingungen von Schule versetzt werden und wie sie in und durch diese (nicht) interagieren können. Aus Perspektive einer reflexiven politischen Bildung werden hier bereits eine ganze Reihe von Herausforderungen sichtbar: Wie können die zugegebenermaßen oftmals widrigen organisatorischen, institutionellen Bedingungen so gestaltet werden, dass der ‚Schülerjob' zur Erweiterung von Denk-, Handlungs- und Urteilsmöglichkeiten beiträgt? Das ist die eine Seite, die Seite der Schüler/-innen.

Die andere Seite ist der ‚Lehrerjob'. Wenn wir uns ernsthaft einer mündigkeitsorientierten Didaktik widmen, sind wir strukturell wieder mit der bereits angesprochenen Doppelläufigkeit konfrontiert. Es ist jederzeit möglich, dass sowohl eine Unterstützung als auch eine Untergrabung der Denk-, Handlungs- und Urteilsmöglichkeiten in und durch die Gestaltung von Bildungserfahrungen stattfindet. Um dies angemessen zu diskutieren, reicht ein allein defizitorientierter Blick darauf, was Lehrer/-innen scheinbar nicht leisten, nicht aus, zumal eine solche Perspektive allzu oft der Selbstlegitimierung der Beobachtenden dient. Bedeutsamer ist dagegen, was Lehrer/-innen eigentlich leisten – und dies nicht enggeführt auf eine Input- oder Outputmessung, sondern im Hinblick auf die soziale Interaktionsordnung, in und durch die im sozialwissenschaftlichen Unterricht Bildungserfahrungen ermöglicht *und* verstellt werden. Jehle hat hier Pfade eröffnet, die für die weitere Professionalisierung der Fachdidaktik wegweisend sind (Jehle 2022). Sie hat in ihren Rekonstruktionen sozialwissenschaftlichen Unterrichts in Ost-, West- und Gesamtberlin u.a. herausgearbeitet, wie an etlichen Ecken und Enden stets eigenständige Momente von Freiheit im sozialwissenschaftlichen Unterricht aufblitzen, trotz und wegen fremdbestimmter Rahmenbedingungen und Unterrichtsinhalte.

**ES:** In einigen Beiträgen unterscheidest du darüber hinaus nicht nur zwischen Reflex und Reflexion, sondern führst eine weitere Differenzierung ein, die gewissermaßen ‚zwischen' den beiden liegt: die Reflektion (mit k). Was kennzeichnet diese Differenzierung? Läuft sie letztlich auf einen einzigen Buchstaben hinaus oder verbergen sich dahinter unterschiedliche Konzepte?

**SM:** Bei der idealtypischen Unterscheidung von Reflex, Reflektion und Reflexion handelt es sich um eine Übersetzung von Denkfiguren, die wissenschafts- und erkenntnistheoretisch auf weiter zurückliegende Diskussionen verweisen. An dieser Stelle nehme ich eine weitere Aktualisierung Kritischer Theorie auf, die Arbeiten von Ritsert, die den rationalen Kern der negativen Dialektik Adornos freilegen und aktualisieren, auch in Bezug auf die Auseinandersetzung Adornos mit Hegel. Hegel hat in seiner Darstellung der Geschichte der Erkenntnistheorie u.a. drei mögliche Verortungen des Subjekts zur Welt diskutiert, die sogenannten drei Stellungen des Gedankens zur Objektivität (Hegel 1970 [1830], §26–§78; vgl. auch WW 4, 73–75 und 111–113). Für die Begründung reflexiver Perspektiven sind darin wesentliche Merkmale enthalten, die eine Differenzierung von Reflex, Reflektion und Reflexion erlauben.

Zunächst problematisiert Hegel Positionen, die sich mit einer unmittelbaren Erkenntnis der Welt zufriedengeben. Hegel bezeichnet dies schwergewichtig als „erste Stellung des

Gedankens zur Objektivität" (Hegel 1970 [1830], §26). Er kritisiert damit Vorstellungen, die davon ausgehen, dass sich die Welt (‚die Objektivität') dem Subjekt direkt, unmittelbar, geradlinig und in jeder Hinsicht offenbart. Für heutige Diskussionen übersetze ich das als Reflex, um deutlich zu machen, was die Denkfigur, aber auch die Problematik daran ist.

Davon grenzt Hegel eine ‚zweite Stellung des Gedankens zur Objektivität' ab, die als Reflektion (mit k) übersetzt werden kann. Hier reflektiert das Subjekt auf die Welt (die ‚Objektivität') in einer Art und Weise, die die Erkenntnisleistungen des Subjekts miteinbezieht. In gewisser Weise wird auf den Reflex reflektiert, um sichtbar zu machen, dass die eigenen Perspektiven, die eigenen Erkenntnisleistungen auch die Welt, die Objektivität formen und beeinflussen; zudem wird anerkannt, dass die äußere Welt den Subjekten gegenübersteht. Es geht dann nicht mehr darum, zu behaupten, wie die Welt einzig ‚wirklich' ist, sondern zu reflektieren, wie sie durch unsere Erkenntnisleistungen erscheint, hervorgebracht, konstituiert und konstruiert ist. Darauf zielt die Reflektion auf den Reflex ab: Die blinden Stellen werden reflektiert, damit problematisiert und überwunden und eröffnen so eine neue, erweiterte Perspektive.

Doch auch das kann den absoluten Idealisten Hegel noch nicht ganz überzeugen. Er ist auf der Suche nach einer ‚dritten Stellung des Gedankens zur Objektivität'. Darauf zielt nun die Reflexion ab, die anstrebt, die Reflektion (mit k) und den Reflex aufzuheben. Eine solche Aufhebung spielt in der spekulativen Dialektik Hegels eine besondere Rolle, die durch ein dreifaches Manöver gekennzeichnet ist: (1) Die Kritik der als problematisch, weil einschränkend erkannten Momente, (2) die Betonung und Unterstützung der als sinnvoll, weil erweiternd erkannten Momente, um dadurch (3) eine – gemessen an der Ausgangssituation – bessere, weil umfassendere, differenziertere Bestimmung zu erhalten. Nimmt man diese Differenzierungen von Reflex, Reflektion und Reflexion ernst, so ergeben sich weitreichende Umstellungen in einer reflexiven politischen

Bildung. Solche Überlegungen setzen sich rasch dem Verdacht aus, dass sie kaum der politischen Bildung entstammen. Ich sehe nicht wirklich ernsthafte Argumente, warum die seit über 200 Jahren vorliegenden Problembearbeitungsmöglichkeiten für eine Theorie einer reflexiven politischen Bildung nicht genutzt werden sollten. Mit der Übersetzung in Reflex, Reflektion und Reflexion liegt eine handhabbare Differenzierung vor, die ebenso griffig wie auch alltagsverständlich ist, der man sich aber selbstverständlich nicht anschließen muss.

**ES:** Allerdings endet die Suche nach einer dritten Stellung des Gedankens, die auf die beiden ersten reflektiert, bei Hegel im absoluten Idealismus. Wir gehen hier im Anschluss an Adorno einen anderen Weg. Die absolut-idealistische Erschaffung der äußeren Welt aus dem Subjekt bei Hegel, die hermetische Abgeschlossenheit seiner Theorie kann Adorno nicht überzeugen. Er ist demgegenüber an offenen Begründungsmustern, einer offenen Theorie interessiert. Zudem rückt er in den Mittelpunkt, wie schon die subjektiven Erkenntnismöglichkeiten gesellschaftlich vermittelt sind. Sein Modell von Reflexion, seine dritte Stellung des Gedankens zur Objektivität ist daher, wie du selbst sagst, anders gebaut:

> „Es bezieht die gesellschaftlichen Bedingungen ein, die allen sozialen Einzelheiten und Besonderheiten vorausgehen, darin wirklich und wirksam werden. Es handelt sich um den steten Versuch, die objektiven (d.h. die gesellschaftlichen) Voraussetzungen scheinbarer Voraussetzungslosigkeit einzubeziehen und offenzulegen“ (Müller 2021a, 25).

**SM:** ‚Gesellschaft‘ bleibt den Dingen und Phänomenen nicht äußerlich, kommt nicht lediglich hinzu, sondern ist bereits intrinsisch enthalten, so Adorno. Daher bezieht die Frage- und Denkfigur der Reflexion individuelle und gesellschaftliche Momente mit ein.

**ES:** Damit sind erhebliche Umstellungen in einer reflexiven politischen Bildung verbunden. Welche schweben dir hierbei vor?

**SM:** Ich verbinde für die politische Bildung damit zunächst Differenzierungsmöglichkeiten, die eindimensionale und deterministische Bezugnahmen, wie sie im Reflex auftauchen, erkennen und problematisieren können. Darüber hinaus können auch Modelle der Wechselwirkung befragbar gehalten werden. Der Anspruch auf Reflexion befragt selbst noch die Wechselwirkung, und zwar nicht in einer weiteren Steigerungslogik, sondern in einer reflexiven Wendung auf die Momente der Wechselwirkung selbst. Sichtbar werden dann innere Differenzierungsmöglichkeiten *in* den einzelnen Momenten.

**ES:** Mit ‚Wechselwirkung' meinst du die gegenseitige Angewiesenheit von Subjekt und Objekt im Erkenntnisprozess: Einerseits wirkt die Objektivität auf die Subjekte, jedoch ohne von diesen unmittelbar erkannt werden zu können; andererseits wirken die Subjekte auf diese Objektivität zurück, weil sie diese mitkonstruieren und auch konstituieren. Innere Differenzierung bedeutet dann zunächst, die Reflektion daraufhin zu befragen, wo der Reflex in ihr aufgehoben ist und wo ihr gesellschaftliche Momente vorausgehen, umgekehrt aber auch der Reflex die Möglichkeit zur Reflektion enthält. Im Gegensatz zur Reflektion stellt die Reflexion auf die *Vermittlung gesellschaftlicher Verhältnisse* um. Erkenntnistheoretisch bedeutet das, dass die subjektiven Erkenntnismöglichkeiten von Gesellschaft damit bereits immer von und durch Gesellschaft bedingt sind, aber nicht in deterministischer Weise.

Die Reflexion geht zudem noch einen Schritt weiter. Kritische Theorie bezieht ihr Erkenntnisinteresse auch aus genuin normativen Fragen, der Absicherung und Erweiterung von Freiheit bei gleichzeitiger Zurückweisung von Unfreiheit. Diesen Maßstab, Erweiterung oder Verhinderung von Freiheitsmöglichkeiten, baut die Reflexion nun in ihre Theoriearchitektur ein.

**SM:** Eine reflexive politische Bildung befragt die Annahmen, Theorien, Modelle etc., zumal die eigenen, im Blick auf ihre autonomieförderlichen und -einschränkenden Momente. Dann geht es nicht lediglich dichotom darum, die ‚guten' von den ‚bösen' Dingen zu trennen, ein Grundübel und Ärgernis der politischen Bildung bis heute, sondern mündigkeitsorientierte Differenzierungen zu ermöglichen, die auch die Gleichzeitigkeit von autonomieförderlichen und -hinderlichen Momenten in den Blick bekommen, um erstere zu stärken und letztere zurückzudrängen.

Die Optionen einer solchen reflexiven Befragung zeigen sich strukturell entscheidend an einem Punkt, dem in aktuellen Diskussionen erst langsam und zögerlich die gebührende Aufmerksamkeit zukommt: Die mögliche innere Verbundenheit und die notwendige Trennung von autonomieförderlichen und -einschränkenden Momenten in der Gestaltung von politischen Bildungserfahrungen unter institutionellen Bedingungen. Das ist der Hintergrund für die Differenzierung von Reflektion und Reflexion.

**ES:** Damit werden die weitreichenden Differenzen von ‚Reflektion' und ‚Reflexion' deutlich. Diese umfassen nicht nur zwei unterschiedliche Denk- und Fragefiguren, die erkenntnis- und wissenschaftstheoretisch unterschiedlich verortet werden können, sondern gehen auch inhaltlich und strukturell von anderen Voraussetzungen aus. Mit dieser Unterscheidung kann zudem erklärt werden, dass die Bezugnahmen auf ‚Reflexivität' ganz unterschiedlich ausfallen können.

Eine solche Umstellung auf reflexive Perspektiven ist allerdings mit zahlreichen Herausforderungen konfrontiert. In deinem Forschungsauftakt für das Forschungsforum „Reflexion und Kritik" hast du diese mit den Problemen des „Feldherrenhügels", der „Hoch- und Tiefbauarbeiten" und dem „Vertrauen auf das Wort" benannt und veranschaulicht (Müller 2020b). Kannst du diese genauer erläutern?

**SM:** Reflexive Perspektiven sind unbequem, weil sie Selbstverständlichkeiten infragen stellen können – nicht nur die der anderen, sondern stets auch die eigenen. Drei dieser Selbstverständlichkeiten habe ich exemplarisch in den von dir benannten Ausführungen skizziert. Diese treten wiederkehrend als Lösungsmöglichkeit auf, bilden aber begründet eine Engführung von reflexiven Perspektiven. Mit der gewählten Terminologie will ich die Problematik bereits anzeigen. Modelle der Reflektion, in denen implizit die Gesamtübersicht in Anspruch genommen wird und in denen ‚von oben' herab proklamiert und entschieden werden kann und soll, können auch als Position des ‚Feldherrenhügels' rekonstruiert werden. Die militaristische Terminologie verweist hier darauf, dass es in solchen Vorstellungen oftmals muskulös zugeht. Dann geht es darum, ‚Flagge zu zeigen', manchmal soll auch Haltung gezeigt werden.

> „Man(n) selbst hat vom Feldherrenhügel aus nicht nur die bessere Übersicht, sondern auch das dazu nötige Wissen, um die richtige Ordnung zu schaffen. Letztlich geht es bei solchen Perspektiven um ein Standpunktdenken, also um die Annahme, dass der eigene Standpunkt nicht nur besser, sondern auch unangreifbar und unverrückbar ist" (Müller 2020b, 7).

Dem ist zugleich eine ernsthafte Herausforderung, die wir bislang noch nicht expliziert haben, zu entnehmen. Alle Bezugnahmen auf Reflektion oder Reflexion stehen stets in der Gefahr, auf den eindimensionalen Standpunkt des Reflexes zurückzufallen. Die Verlockungen sind enorm; schließlich hat der Theoretiker den richtigen Durchblick, die Einsicht und das Wissen. Daher liegt in der Feldherrenperspektive eine überaus ernste Herausforderung – allerdings nur aus reflexiver Perspektive. Wenn dieses Bild weiter aufgenommen werden soll, wird zudem auch sichtbar, dass der Feldherr auf eine ganze Reihe von strukturellen Voraussetzungen angewiesen ist: Vielleicht gibt es eine Feldherrin, mit Sicherheit gibt es Knechte und Mägde, Untergebene aller Art, die jeweils für eigene Zwecke instrumentalisiert werden können, um den eigenen Herrschaftsbereich abzusichern.

**ES:** Eine reflexive politische Bildung steht damit jederzeit in der Gefahr, unterlaufen zu werden. So verstehe ich auch die Kritik der ‚Hoch- und Tiefbauarbeiten' (Müller 2020b, 8).

**SM:** Ja, manchmal erscheint es so, als könne die Reflektion nur in den höchsten Höhen oder in den tiefsten Tiefen erreicht werden. Interessanterweise lässt sich nicht nur Hegel und Adorno, sondern auch Freud, Luhmann oder feministischen Theorien noch eine andere Denkfigur entnehmen, die ich für weitaus stärker halte. Hier nimmt zum einen die Frage, ob Erkenntnis und Erkenntnisgegenstand stärker vertikal oder horizontal gedacht sind, eine prominente Bedeutung ein. Wird implizit von einem oberflächlichen Wissen, das dem tiefen (oder höheren) Wissen entgegengesetzt ist, ausgegangen oder besteht ein Unterschied im Sinne eines manifesten und latenten Wissens? Der Unterschied ist oft folgenreich. Das erste Modell setzt meist eine vertikale Denkfigur voraus. Ganz oben oder ganz unten steht wahlweise das richtige, wahre Wissen. Die Suche nach dem Verborgenen, nach dem Wesen, gerät so zuweilen zur Flucht in die Abstraktion, in die Rationalisierung. Eine stärkere Variante zeichnet sich ab, wenn innere Vermittlungsverhältnisse einbezogen werden. Trotz aller grundlegender und unvereinbarer Unterschiede lässt sich eine Linie bei Hegel, Marx, Freud und Adorno nachzeichnen, die hier eine weiterführendere Option anbietet: Das Wesen ist jeweils in der Erscheinung enthalten, wo sonst? Wir können hieraus eine weitere Folgerung für eine reflexive politische Bildung entnehmen: Die Suche nach dem höheren oder tieferen, nach dem verborgenen und dem versteckten, dem ‚besseren Wissen' ist bereits stets in dem Vorhandenen enthalten, wenn auch nicht expliziert.

**ES:** Das rückt die stillschweigenden Voraussetzungen von fachdidaktischen, theoretischen und gesellschaftlichen Annahmen in den Mittelpunkt, das Implizite, das vorhanden ist, nur (noch) nicht expliziert.

**SM:** In gewisser Hinsicht ja, aber es kommen dabei inhaltliche Annahmen ins Spiel, die die Gesamtkonstellation auch qualitativ ändern. Wenn heute ein Ansatz in der politischen Bildung unter der Flagge der Emanzipation oder der Kritik segelt, ist das auch stets eine Selbstverortung, eine Geste und sagt zunächst kaum etwas über die tatsächlichen Inhalte aus. In psychoanalytischer Terminologie könnte man von Gegenübertragungsblindheit sprechen. Das, was ich mir unter dem Gegenstand vorstelle und mir davon erhoffe (Emanzipation, Kritik, Mündigkeit usw.), muss nicht in diesem Gegenstand sein, sondern kann auch viel mit dem zu tun haben, was meine Wünsche, Hoffnungen, Phantasien und Vorstellungen, Erwartungen, Träume, aber auch meine Ressentiments bilden. In die Begriffe und Theorien geht nicht nur das ein, was sie bezeichnen sollen oder wollen, sondern auch die gesellschaftlichen und die eigenen Anteile.

Das zeigt schon an, dass eine reflexive Befragung sowohl die Annahmen der anderen als auch die je eigenen umfasst. Beide werden dadurch qualitativ verändert. Meistens geht es im ersten Schritt um die Aufklärung der impliziten Selbstverständlichkeiten, die in Dichotomien wurzeln, wie z.B. der von Affirmation und Kritik. Eine reflexive politische Bildung fokussiert auf die gesellschaftliche Herkunft und Einbettung sowie die Funktionen und Folgen von Dichotomien. Dabei wird sich zeigen, dass (un-)beabsichtigte Zuschreibungen in die Begrifflichkeiten eingehen, die genau das Gegenteil bewirken können – auch in Konzepte, die auf Emanzipation und die Kritik von Herrschaft abzielen.

**ES:** Darauf bezieht sich deine Kritik des „Vertrauens auf das Wort". Das heißt aus reflexiver Perspektive, dass es keine Garantien, keine Sicherheiten in und durch Begriffe und Theorien geben kann, auch nicht durch Bezugnahmen auf Mündigkeit, Kritik, Emanzipation?

SM: Zumindest keine Sicherheit im deterministischen Sinne. Genau darin bestehen die Herausforderungen der Diskussionen um Mündigkeit und Reflexivität in der politischen Bildung. Allein das Benutzen der richtigen Terminologie wird kaum den Ausbau und die Unterstützung von Denk-, Handlungs- und Urteilsmöglichkeiten gewährleisten können. Es kommt vielmehr auf inhaltliche Fragen an, die eng an die Diskussion um die (Un-) Angemessenheit von Begriffen und Theorien gekoppelt sind.

Daher sind terminologische Klärungen und Präzisierungen auch so bedeutsam. In einer reflexiven politischen Bildung zeichnen sich solche Befragungsmöglichkeiten von Theorien z.B. auf Ebene der Argumentationsstruktur (Reflex, Reflektion oder Reflexion), der Inhalte, d. h. der normativen Annahmen (Gesinnungsethik, Utilitarismus oder Mündigkeit), und nicht zuletzt an den möglichen Folgen für die Lernenden ab. Möglich ist freilich, diese inhaltlich gewichtigen Fragen allein an der ‚richtigen' Wortwahl zu entscheiden. Ersichtlich ist mittlerweile, dass dann eine Unterbestimmung vorliegt. Mit dem zusätzlichen Fokus darauf, sich nicht allein mit dem ‚Vertrauen auf das Wort' zufriedenzugeben, sondern zu prüfen, welche Vorstellung von ‚Kritik', ‚Emanzipation', ‚Mündigkeit' usw. in dem Ansatz steckt, der vorgibt, diese zu gewährleisten, wird eine reflexive politische Bildung ausgebaut und weiterentwickelt.

Aus einer reflexiven Perspektive ist allein auf die Terminologie kein Verlass. Das zeigt jeder Griff in das Supermarktregal. Neu und besser? Meistens wird es weniger und schlechter, zumindest, wenn man nicht das nötige Kleingeld hat. Theoretisch ist das ebenfalls der Fall: Wenn Kritik, Emanzipation oder Mündigkeit draufstehen, fordert das zur Befragung heraus, wie und was (nicht) unterstützt und verhindert werden soll, zumindest aus einer reflexiven Perspektive.

**ES:** Lass mich zusammenfassen: Wir haben Reflex, Reflektion und Reflexion als drei unterschiedliche und zugleich miteinander verschränkte Denkfiguren mit je unterschiedlichen inhaltlichen wie strukturellen Voraussetzungen herausgearbeitet und die damit verbundenen Probleme des Feldherrenhügels, der Hoch- und Tiefbauarbeiten wie auch des idealistischen Vertrauens auf das Wort diskutiert. Dabei scheint Reflexivität, ein reflexives Verfahren immer und überall die Lösung zu sein. Gibt es allerdings nicht auch Grenzen, an die eine reflexive politische Bildung stößt?

**SM:** Ja, sicherlich. Die Grenzen der Reflexion sind vor allem in einem Bereich zu verorten, der die politische Bildung bis auf Weiteres noch beschäftigen wird: Die Grenzen der Reflexionsmöglichkeiten von Ressentiments. Wenn ich erneut an Adorno und Horkheimer erinnern darf: Diese haben den Antisemitismus als „Grenze der Aufklärung“ bestimmt. „Das Pathische am Antisemitismus ist nicht das projektive Verhalten als solches, sondern der Ausfall der Reflexion darin“ (Horkheimer/Adorno 2003 [1947], 214). Wie kann mit (politischer) Bildung über Ressentiments aufgeklärt werden, die seit Jahrtausenden nicht gelöst werden konnten? Im antisemitischen „Weltdeutungssystem“ (Schwarz-Friesel 2022, 149) werden alle Hinweise umgehend bestätigend in das eigene hermetisch geschlossene Welterklärungsmodell eingefügt. Ohne die Grenzen von Reflexion zu diskutieren, wird man hier kaum weiterkommen. Es versteht sich, dass sich eine reflexive politische Bildung nicht mit der Dichotomie von Aufklärbarkeit oder Nicht-Aufklärbarkeit zufriedengibt. Erfreulicherweise entwickeln sich hierzu weiterführende Diskussionen (Scherr/Schäuble 2006; Bernstein 2020; Fischer 2020; Grimm/Müller 2021; Wolf 2021; Schubert 2021; Bernstein/Grimm/Müller 2022; Müller 2022d; Kumar et al. 2022).

## 3.2 Die Wiederentdeckung der Dialektik

**ES:** Mit deinen Arbeiten hast du nicht nur den Begriff einer ‚reflexiven politischen Bildung' geprägt, sondern auch die Dialektik als eine wissenschaftstheoretische Grundlage zurück in die fachdidaktische Diskussion gebracht (Müller 2023). Als Theorieangebot gehen damit auch eine Reihe von Voraussetzungen einher (Müller 2009, 2011, 2013). Auf das Potenzial dialektischer Denkfiguren wird seit geraumer Zeit in der politischen Bildung verwiesen (z.B. Ahlheim 2005, 388; Grammes 2017, 82; Sander 2019, 104; Reinhardt 2020b, 205; Wohnig 2021, 90). Daran anschließend lässt sich fragen: Welche Bedeutung kommt der Dialektik bzw. dialektischen Spannungsfeldern in der politischen Bildung zu?

**SM:** Mit der Dialektik ist das so eine Sache. Hier ist der Pulverdampf noch nicht verzogen und der Dialektik haften bis heute einige Anrüchigkeiten an. Nicht vergessen werden darf dabei, dass es aus einer reflexiven Perspektive keine Theorien und Konzepte gibt, die vor instrumenteller Verwendung geschützt sind. Das zeigt sich leidvoll an der Verwendung der Dialektik als Herrschaftslegitimation im historisch-dialektischen Materialismus. Es gibt also mindestens so etwas wie eine herrschaftslegitimierende Dialektik, dann die große idealistische Tradition der Dialektik, allen voran Schelling, Fichte und Hegel, und zudem gibt es auch einen Unterstrom einer rationalen Dialektik, die Adorno in seiner negativen Dialektik freigelegt hat.

Alle drei unterscheiden sich fundamental voneinander. Diese zentralen Unterscheidungslinien weisen für die Frage nach der Bedeutung für die politische Bildung interessante und weiterführende Parallelen auf. Die zentrale Differenz von Subsumtions- oder Anerkennungslogik der Subjektivität, der Autonomie, zeigt hier ein unüberbrückbares Unterscheidungsmerkmal an, um sich im Dickicht der Diskussionen um Dialektik zurechtzufinden. Die philosophische Diskussion geht noch viel weiter zurück, über das Mittelalter, in der die Dialektik vor allem als ‚Logik' fungierte, bis hin zu Platon. Blickt man jedoch nur auf die genannten drei großen Linien, dann kann auch hier ein weiterführender Weg durch die Leitlinie im mündigkeitsorientierten Paradigma eröffnet werden. Für die politische Bildung ist dabei die Frage wegweisend, welche Konzeption von Förderung und Unterstützung von Mündigkeit jeweils (nicht) dominiert.

Dazu kommt eine weitere Frage in Diskussionen um eine angemessene Aktualisierung dialektischer Argumentationsfiguren heute: Werden hermetisch geschlossene Systeme postuliert, in denen kein Entrinnen mehr vorgesehen ist, Geschichte und Subjektivität gleichsam determiniert und auch stillgestellt sind, weil sie einem großen Ganzen untergeordnet werden müssen – oder zeichnet sich demgegenüber eine offene Theoriearchitektur ab? Das ist die zweite Prüffrage, die ich an jede Konzeption stellen würde. Es zeigt sich hier zudem, dass sich die beiden Prüffragen auch für die Bezugswissenschaften eignen, die in der Fachdidaktik benutzt werden (sollen).

Anschließend, nach Beantwortung dieser beiden Fragen, kann sich dann den Kernproblemen jeder rationalen Dialektik seit Hegel zugewandt werden, nämlich den Fragen nach dem zugrundeliegenden Widerspruchs- und Vermittlungsbegriff (Müller 2011). Hier wird es nun interessant, weil die dominierenden Vorstellungen, die in allen drei skizzierten Traditionslinien der Dialektik nachgezeichnet werden können, bis heute von der Annahme ‚These, Antithese, Synthese' überlagert werden. Ein Blick in das Werk Hegels oder Marx' genügt, um zu sehen, dass sich dieses Modell darin so nicht findet. Es handelt sich um eine bis heute wirkmächtige Erzählung, die das Paradigma der Dialektik unnötig überstrapaziert. Auch bei Adorno findet sich das Schema ‚These, Antithese, Synthese' nicht. Ganz im Gegenteil: Er problematisiert es nachdrücklich an verschiedenen Stellen seines Werks (Müller 2023). Adorno argumentiert mit einem Modell der ‚inneren Vermittlung der

Gegensätze in sich', in dem sich mindestens zwei Momente als Gegensätzliche gegenüberstehen und dieser Gegensatz gleichzeitig noch mal in den Momenten in sich selbst enthalten ist; diese innere Vermittlung löst den äußeren Gegensatz nun aber nicht auf, sondern benötigt ihn vielmehr (Ritsert 2017a; Müller 2020a; Scaramuzza 2020; Müller 2022c).

Das ist gar nicht so kompliziert, wie es sich zunächst anhört, und wenn der Pulverdampf und der Nebel von ‚These, Antithese, Synthese' erst mal verzogen sind, werden Anschlussmöglichkeiten sichtbar, die für die Gestaltung von politischen Bildungserfahrungen weiterführende Optionen bilden. Vor dem Hintergrund der genannten Traditionslinien sowie der Prüffragen kann dann genauer daran angeschlossen werden, indem beispielweise diskutiert wird, auf welches Modell von Dialektik dabei jeweils Bezug genommen wird (Müller 2023). Aus allen Gründen wähle ich hier das mündigkeitsorientierte Paradigma. Hier zeigen sich die weiterführenden Möglichkeiten z.B. darin, dass die Unterstützung und die Untergrabung von Denk-, Handlungs- und Urteilsmöglichkeiten in den fachdidaktischen Annahmen, Prinzipien und Grundsätzen nachgezeichnet werden kann und diesen nicht lediglich äußerlich zukommt (Müller 2021a, 176 ff.); ebenso zeigen sich perspektiverweiternde Optionen im Spannungsverhältnis von Selbst- und Fremdbestimmung, das die schulische politische Bildung strukturell bis ins Innerste prägt und nun auch zunehmend in der sozialwissenschaftlichen Fachdidaktik in das Blickfeld rückt.

**ES:** Keine der Traditionslinien der Dialektik entspricht in ihrer Form also dem ‚klapprigen Dreitakter' (Ritsert). Worin jedoch unterscheiden sich ‚These, Antithese, Synthese'-Modelle von der Dialektik Adornos? Kannst du das Modell einer ‚Vermittlung der Gegensätze in sich' an einem Beispiel veranschaulichen?

**SM:** Die Differenz ist gar nicht so schwierig, wie gemeinhin angenommen. Ein Beispiel ist die Verhältnisbestimmung von

Individuum und Gesellschaft. Dichotome Modelle rekurrieren hier auf die Form des ‚Entweder-oder'. Letztlich zeichnen sie sich strukturell dadurch aus, dass sie die Verhältnisbestimmung von Individuum und Gesellschaft äußerlich begreifen. Gängige Terminologien dafür sind Wechselwirkung, Interdependenz, zuweilen auch ‚Sowohl-als-auch'. Demgegenüber argumentiert Adorno:

> „Das vereinzelte Individuum, das reine Subjekt der Selbsterhaltung verkörpert im absoluten Gegensatz zur Gesellschaft deren innerstes Prinzip. Woraus es sich zusammensetzt, was in ihm aufeinanderprallt, seine ‚Eigenschaften', sind allemal zugleich Momente der gesellschaftlichen Totalität" (Adorno 1997e, 55).

An dieser Stelle wird die genuin dialektische Argumentationsfigur in der Form von strikten Antinomien deutlich. Diese hat Ritsert als strukturellen Kern der negativen Dialektik Adornos freigelegt (Ritsert 2008; Müller 2011; Ritsert 2017a; Müller 2020a). Strikte Antinomien sind dabei durch einen nicht auflösbaren Gegensatz charakterisiert, der ein bloßes ‚Entweder-oder' überschreitet. Hinzu kommt – und hierin liegt eine Pointe der Dialektik Adornos –, dass dieses äußere Gegensatzverhältnis noch mal im Inneren der Momente auftaucht, als inneres Vermittlungsverhältnis. Darin, in inneren Vermittlungsverhältnissen, verankert Adorno das Prinzip der Dialektik:

> „Eine innere Vermittlung [...] besteht darin, daß die beiden einander entgegengesetzten Momente nicht etwa wechselseitig aufeinander verwiesen sind, sondern daß die Analyse eines jeden in sich selbst auf ein ih[m] Entgegengesetztes als ein Sinnesimplikat verweist. Das könnte man das Prinzip der Dialektik gegenüber einem bloß äußerlich, dualistisch oder disjunktiv unterscheidenden Denken nennen" (Adorno 1974 [1962], 141).

Ein dichotomes Modell von These und Antithese, das anschließend synthesenhaft die beiden entgegengesetzten Momente von Individuum und Gesellschaft aufheben soll, wird hier rasch an erhebliche Grenzen kommen. Auch in einem ‚Sowohl-als-auch' geht die Argumentationsfigur Adornos nicht auf. Prägend für die negative Dialektik Adornos ist die Form von strikten Antinomien, die zwei sich gegensätzliche und zugleich implizierende Seiten aufweist: Individuum und Gesellschaft stehen im Gegensatz zueinander und finden sich im jeweiligen Gegenteil als inneres Vermittlungsverhältnis wieder. Ohne gesellschaftliche Vermittlung im Individuum kein Subjekt im Anschluss an Adorno. Und auch umgekehrt: Ohne individuelle Momente keine ‚Gesellschaft', weil ‚Gesellschaft' stets von Individuen hervorgebracht, konstituiert und ausgebaut (konstruiert) wird, obwohl und weil ‚Gesellschaft' den Individuen vorausgeht, fremd und eigenständig gegenübersteht. Damit wird ein ungesellschaftliches Modell des Individuums ebenso wie ein subjektloser Gesellschaftsbegriff problematisierbar, ohne beide ineinander aufgehen zu lassen und gleichzusetzen. Die Eigenständigkeit von beiden ist und bleibt unhintergehbar, obwohl und weil sie sich gegenseitig bedingen. Die Gesellschaft in ihrer Eigenständigkeit (Heteronomie) geht in der Summe (Addition) der einzelnen Individuen nicht auf. Umgekehrt gilt: Die Individuen, die Subjekte sind in der Kritischen Theorie Adornos keine verlängerten Anhängsel der Gesellschaft, die marionettenhaft ausschließlich und lediglich die gesellschaftlichen Erwartungen (Rollen) erfüllen, sondern ebenso eigen- wie selbständig, auch wenn die Formen der Autonomie durch die gesellschaftlichen Bedingungen hervorgebracht werden. Hinzu kommt, dass Adorno kein Gleichgewicht von Individuum und Gesellschaft postuliert, sondern vom Vorrang gesellschaftlicher Bedingungen ausgeht, die den Subjekten vorausgehen und sie entscheidend prägen, ohne dabei die Autonomie der Subjekte diesen unterzuordnen.

Deutlich wird hier, dass eine dialektische Argumentation

in bestimmten Hinsichten auf Dichotomien aufbaut, diese jedoch gesellschaftlich reflektiert, einbettet und dadurch überschreitet. Ebenso spiegeln Modelle der Wechselwirkung, der Interdependenzen und des ‚Sowohl-als-auch' zwar bestimmte Teilaspekte der gesamten dialektischen Argumentationsfigur wider; die Tragfähigkeit und Wirkmächtigkeit der ganzen Argumentationsfigur wird allerdings nur erreicht, wenn das Schema von ‚These, Antithese und Synthese' verlassen und strukturell in der Form von strikten Antinomien argumentiert wird. Deshalb weist der Kritische Theoretiker Adorno darauf hin:

> „Die besondere Schwierigkeit, die die Dialektik [...] dem Denken bietet, ist nun die, daß sie selber auch nicht etwa nun auf das Gegenteil des Entweder-Oder verfällt, das heißt, daß die dialektische Theorie und der dialektische Gedanke nicht ein Sowohl-als-Auch ist. [...] Es ist das historische Schicksal der Dialektik Hegelscher Provenienz gewesen, daß man sie in ihrem Zentralbegriff, nämlich dem der Vermittlung, in genau dem Sinn mißverstanden hat, [...] an jeder Sache ist etwas Gutes dran und ist auch was Falsches dran [...]. Aber wenn man dieses Motiv des dialektischen Denkens einmal zugestanden hat, dann wird man doch an dem anderen nicht vorbeigehen können, daß das, was man etwa mit ‚Vermittlung' bezeichnet hat, in der Dialektik nicht ein Mittelweg zwischen den Extremen ist, sondern [...] daß der dialektische Gedanke selbst sich nur durch sein Extrem hindurch auf das Moment hinbewegt, mit dem er nicht selbst identisch ist, daß also [...] die dialektische Vermittlung nicht ein Mittleres zwischen den Gegensätzen ist, sondern daß sie eigentlich bewirkt wird nur dadurch, daß man in das Extrem hineingeht und daß man in dem Extrem selber, indem man es zum Äußersten treibt, seines eigenen Gegenteils eben gewahr wird" (Adorno 2010, 264 f.).

Adorno orientiert sich eng an der strikten Antinomie, die die Struktur einer rationalen dialektischen Argumentationsfigur bildet. Die Struktur der ‚inneren Vermittlung der Gegensätze in sich' unterscheidet das dialektische Paradigma dann auch von deduktiven Schlussverfahren. Insbesondere aber wird das Überstrapazieren der Dialektik im ‚These, Antithese, Synthese'-Schema deutlich. Viel an Hokuspokus ist mit diesem Modell verbunden, das Dialektik-Diskussionen bis heute verstellt und vor allem das Potential einer rationalen Dialektik kaum freilegen kann.

**ES:** Das von dir beschriebene, nur Teilaspekte beleuchtende Wechselwirkungsmodell entspricht formal damit weitestgehend dem Konzept der Reflektion (mit k), wie du es vorhin skizziert hast. Demgegenüber kann Adornos Kritische Theorie, deren Argumentationsstruktur der strikten Antinomie – innere Vermittlungsverhältnisse bei gleichzeitig aufrechterhaltenem Gegensatz – folgt, in seiner Struktur als ‚reflexive Dialektik' (Steinert) bezeichnet werden. Auf Dichotomien kann hier nicht (und muss auch gar nicht!) verzichtet werden, weil diese reflexiv eingeholt und dadurch überschritten werden können. Eine solche Perspektive teilen aber auch andere Theorien, die sich nicht als ‚Dialektik' begreifen würden oder so verstanden werden. Darauf hebst du ab, wenn du wiederkehrend die Bezeichnung ‚nicht-dichotom' benutzt. Inwiefern unterscheiden sich dialektische und nicht-dichotome Ansätze voneinander?

**SM:** Das hat mit dem Selbstverständnis der jeweiligen Ansätze zu tun. Es kommt mir in erster Linie auf die Struktur der Argumentationsfiguren an, die zur Behauptung bzw. zur Begründung der jeweiligen Konzeption herangezogen werden. Interessanterweise haben solche Denker wie Luhmann, der sich an verschiedenen Stellen seines Werkes von der Tradition der Dialektik vehement absetzt – und sich in der Tat auch erheblich davon unterscheidet –, eine Form der Distanzierung entwickelt, die Dichotomien befragbar hält. Er benutzt dazu u.a. den Spinoza zugeschriebenen Grundsatz ‚jeder Einschluss ist ein Ausschluss'. Dieser Grundsatz verweist auf erkenntnistheoretischer Ebene darauf, dass jede Bestimmung zuerst möglich bzw. hergestellt wird, indem sie sich von anderen Bestimmungen unterscheidet. Dadurch wird ein Bereich des Inkludierten und einer des Exkludierten in Anspruch genommen und auch produziert. Für den Bereich der politischen Bildung könnte man sagen, dass ein Ansatz, der sich ‚kritisch' wähnt und inszeniert, dadurch einen Bereich produziert, der dies scheinbar nicht ist oder sein darf. Diese dichotomen Vorstellungen hält die differenzierungstheoretische Systemtheorie befragbar. Ritsert hat zudem darauf hingewiesen, dass der Umkehrschluss genau so gilt: Jeder Ausschluss ist ein Einschluss (Ritsert 2017a, 47). Das, was ausgeschlossen wird, stärkt umso mehr die Gemeinschaft, die sich dadurch ihrer selbst vergewissern kann – und über ihre sozialen Ein- und Ausschlussmechanismen dann auch nicht mehr Rechenschaft ablegen will, kann und muss, weil diese Rechenschaft die Gemeinschaft stören und durcheinanderbringen würde. An kategorialen Zuschreibungen wie z.B. ‚Migrationshintergrund' kann das eindrucksvoll und vor allem leidig diskutiert werden. Auf die Einschränkungen und die Folgen von Dichotomien reflektiert Luhmann nun in einer Art und Weise, die auf abstrakter Ebene als ‚nicht-dichotom' charakterisiert werden könnte, weil er die Einschränkungen von Dichotomien zwar spröde, aber wiederkehrend problematisiert (Luhmann 2001; Müller 2021a, 116 ff.).

**ES:** Damit wird nochmals deutlich, dass die Kritik von Dichotomien nicht allein der dialektischen Tradition vorbehalten bleibt, sondern beispielsweise auch systemtheoretisch formuliert werden kann. Und auch darauf sind nicht-dichotome Ansätze keinesfalls beschränkt. In dem Gespräch, das Mende und du mit Menke zum ‚Glücken der Freiheit' geführt haben, wird auch deutlich, dass dies ebenso in dekonstruktivistischen

Ansätzen der Fall sein kann (Menke 2016). Genauso lassen sich die Bezugnahmen auf nicht-dichotome Argumentationsfiguren in intersektionalen Perspektiven finden. Letztere betonen dabei u.a., dass es nicht um ein additives Verständnis von drei oder mehreren Unterdrückungsverhältnissen geht.

**SM:** Auch an dieser Stelle tauchen die für eine dialektische Argumentationsfigur relevanten Merkmale von inneren Vermittlungsverhältnissen auf. Die gesellschaftlichen Bedingungen stehen den Autonomiemöglichkeiten der Subjekte nicht allein äußerlich gegenüber, sondern bedingen diese im Innersten. Diese inneren Vermittlungsverhältnisse können dann auch nicht mehr fein säuberlich sortiert und getrennt werden: 24% Unterdrückung durch Klassenzugehörigkeit, 39% durch Geschlecht und 37% durch ‚race' – oder war es doch umgekehrt? Deutlich wird, dass diese Logik an der Idee von Intersektionalität scheitert und eine nicht-dichotome Logik auf gesellschaftliche Vermittlungsverhältnisse abhebt. Wie diese genau aussehen, welche Minimalbedingungen dazu in Anspruch genommen werden können und müssen, ist bis heute anhaltend Gegenstand von Diskussionen (Müller 2013). Mein Eindruck wäre, dass der mündigkeitsorientierte Horizont der negativen Dialektik Adornos hier ein Potential für rationale Anschlüsse bietet, das noch lange nicht ausgeschöpft ist. Klar ist, dass bei all diesen Fragen immer auch Instrumentalisierungen für ganz andere Zwecke verbunden sein können.

## 3.3 Spannungsfelder: dichotom oder dialektisch?

**ES:** Ein anderer Begriff, der in deinen Arbeiten auftaucht und den ich auch übernehme, ist der der Spannungsverhältnisse. Dieser drückt gut aus, worum es dem Widerspruchs- und Vermittlungsbegriff, der Adornos Dialektik zugrunde liegt, geht: um die Produktivität und Negativität der Spannung von innerer und äußerer Angewiesenheit und Trennung zweier Momente aufeinander. Du plädierst dafür, diese nicht ‚aufzulösen', sondern ‚auszuhalten'. Das ist eine eingängige Figur, die jedoch der Klärung bedarf: Was kann ich mit dem Blick auf Spannungsverhältnisse ‚tun', was ich sonst nicht tun könnte? Und warum sollte ich diese ‚aushalten' anstatt sie ‚auflösen' zu wollen? Ich würde die Produktivität dieser Perspektive gern etwas genauer konturieren.

**SM:** Zunächst geht es auch wiederum darum, das dichotome ‚Entweder-oder' befragbar werden zu lassen – als Bedingung der Ermöglichung und der Verhinderung von Denk-, Handlungs- und Urteilsmöglichkeiten, des Ausbaus von Freiheitsmöglichkeiten und von Mündigkeit. Die Terminologie ‚Spannungsfelder' übersetzt eine Ebene in der Form strikter Antinomien, die, wie gesagt, als struktureller Kern der dialektischen Argumentation Adornos rekonstruiert werden kann.

Zielperspektive bei Adorno ist und bleibt stets die Förderung der Autonomie, der Mündigkeit, die versöhnte Gesellschaft. Diese wird nicht in einer Auflösung der Gesellschaft im Individuum (oder umgekehrt, der Auflösung des Individuums in der Gesellschaft), sondern aus der Kritik der autonomieeinschränkenden Momente auf Seiten der Gesellschaft und des Individuums gewonnen. Hinzu kommt, dass sich diese beiden Momente nochmals jeweils im anderen (entgegenstehenden) Moment nachzeichnen lassen: Wird innerhalb des Individuums die gesellschaftliche Vermittlung aufgelöst, verschwindet diese und ein ungesellschaftliches Individuum bleibt zurück. Wird die individuelle Konstruktion und Konstitution der Gesellschaft durch die Individuen aufgelöst, werden die individuellen Konstruktions- und Konstitutionsleistungen damit ausgeblendet und die Freiheitsmöglichkeiten der Subjekte bleiben unterbestimmt. Wird der Gegensatz zwischen Individuum und Gesellschaft aufgelöst, werden beide also nicht versöhnt, sondern vernichtet.

Das Konzept der Mündigkeit bei Adorno besteht deshalb nicht darin, den Gegensatz zwischen Gesellschaft und Individuum aufzulösen, sondern einen ganz bestimmten Aspekt darin aufzunehmen und auszugestalten, nämlich, dass sich die Autonomie allein durch den Gegensatz zur Gesellschaft bilden kann:

> „Über das am Ich Entscheidende, seine Selbständigkeit und Autonomie kann nur geurteilt werden im Verhältnis zu seiner Andersheit, zum Nichtich. Ob Autonomie sei oder nicht, hängt ab von ihrem Widersacher und Widerspruch, dem Objekt, das dem Subjekt Autonomie gewährt oder verweigert; losgelöst davon ist Autonomie fiktiv" (Adorno 1966, 222).

Und das wiederum heißt: die einschränkenden Aspekte zu erkennen, zu problematisieren und zu ändern. Anders formuliert: Es geht um eine autonomieförderliche Ausgestaltung der Gesellschaft, um damit die Chancen für die Autonomie der Subjekte unterstützen und erweitern zu können. Darauf zielt das Konzept von Mündigkeit ab.

Von diesen Voraussetzungen ausgehend – die Vermittlung der Gegensätze in sich, die normativ daraufhin befragbar gehalten werden, was sie zur Unterstützung und Verhinderung von Mündigkeit beitragen – zeichnet sich ab, dass wir es strukturell mit Spannungsfeldern zu tun haben, die es auszugestalten gilt, wenn wir die mündigkeitsorientierten Optionen dabei erhalten wollen.

**ES:** Wenn ich direkt einhaken darf: Und welche Optionen sollen das sein?

**SM:** Alle, die der gesellschaftlichen und individuellen Konstruktion und Konstitution nachspüren. Eindimensionale Engführungen gibt es zuhauf. Dann ist x an y schuld. Das kann in einigen Fällen durchaus zutreffen, jedoch bleiben eindimensionale Erklärungen für die Gestaltung von Bildungserfahrungen unterbestimmt. Es werden differenziertere Argumentationsfiguren benötigt, wenn z.B. die soziale Legitimierung von Ressentiments in Normalitätsvorstellungen erkannt und problematisiert werden soll. Die dichotomen Ausgangsbestimmungen sind in dialektischen Argumentationsfiguren nicht verschwunden, es wird jedoch darauf reflektiert, welche Dichotomien gesellschaftlich (und das bedeutet auch institutionell und organisational) zur Verfestigung von Normalitätsvorstellungen benutzt werden. Normalitätsvorstellungen müssen dabei nicht automatisch problematisch sein, können dies aus einer mündigkeitsorientierten Perspektive aber, wenn sie das Denken, Handeln und Urteilen so einschränken und präformieren, dass dadurch soziale Ungleichheiten oder Ressentiments legitimiert werden. Dass Dichotomien auch folgenlos bleiben können, folgenlos in dem Sinne, dass sie nicht zur Rationalisierung und Legitimierung von sozialen Ungleichheiten benutzt werden, halte ich angesichts von identitätspolitischen Verlockungen für bedeutsam. Scherr hat einen Merksatz dazu geprägt: „Diskriminierung entsteht durch Unterscheidungen, die Unterschiede in Ungleichheiten verwandeln" (Scherr 2012, 7). Die Pointe besteht hier darin, dass Unterscheidungen auch sozial folgenlos bleiben können. Das Problem liegt damit nicht ausschließlich bei dichotomen Unterscheidungen, sondern in den sozialen Prozessen, die Ungleichheiten sozial legitimieren. Hier öffnet sich eine ganze Palette: von sozialdarwinistischen, völkisch-nationalistisch geprägten bis hin zu den bildungsbeflissenen Ungleichheitsvorstellungen, die Ungleichwertigkeit eben ‚begründen' und nicht nur rabaukenhaft proklamieren. Deshalb ist der reflexive Blick auf ‚Begründungen' auch so bedeutsam und gewichtig, weil damit gleichsam deutlich wird, dass ‚Begründungen' für einen mündigkeitsorientierten Ansatz nicht ausreichen. Es kommt auf die normativen Annahmen an, die in die ‚Begründungen' eingehen. Jede Verschwörungserzählung heute ‚begründet', jeder Antisemit ‚begründet' – und das nicht selten zu knapp. Die politische Bildung ist hier herausgefordert, die inhärente Normativität zu reflektieren.

**ES:** Bei der Figur ‚Spannungsfelder aushalten statt auflösen' geht es im Kern darum, Dichotomien befragbar werden zu lassen, um darüber die stillschweigenden Voraussetzungen in der Gestaltung von Bildungserfahrungen analysieren, kritisieren und schließlich in die Erweiterung von Freiheitsmöglichkeiten überführen zu können. Wäre hier aber nicht auch das Gegenteil denkbar? Kann das Aushalten von Spannungsfeldern nicht auch bedeuten, sich mit einer Situation abfinden zu müssen? Und versperrt das letztlich nicht sogar Möglichkeiten der (politischen) Veränderung?

**SM:** In der Figur des ‚Aushaltens' sind zwei Überlegungen enthalten, die für eine reflexive politische Bildung zentral sind. Erstens wird damit Ambiguitätstoleranz übersetzt, ein bedeutsamer Bezugspunkt, der im dialektischen Paradigma strukturell präziser konturiert werden kann und mit dem Begriff ‚Aushalten' gemeint ist. „Nur dann, wenn Menschen ihre eigenen Überzeugungen durch die Überzeugungen anderer Menschen in Frage gestellt sehen, ist es eine besondere Leistung, sie bestehen zu lassen" (Haubl 2007, 24). Zweitens geht es um das, was du als ‚Produktivität' und ‚Negativität' der inneren Angewiesenheit und Trennung zweier Momente aufeinander benannt hast. Menke hat das wie folgt auf den Punkt gebracht:

> „Man kann nicht sagen: Differenz auszuhalten ist gut. Wenn wir mit Adorno Differenz so verstehen, dass man auf einen bestimmten Widerstand stößt, dann ist nicht jedes Aushalten von Differenz gut. Es ist sehr schwierig, hier Unterscheidungen zu treffen. Denn zugleich ist das Aushalten von Widersprüchen ein Aspekt von Versöhnung" (Menke 2016, 60).

Das ‚Aushalten' beharrt ganz und gar nicht darauf, die Seite der gesellschaftlichen Zumutungen, die uns Optionen und Möglichkeiten versagen und die Individuen gängeln und einschränken, zu affirmieren – im Gegenteil. Die Zielperspektive der Mündigkeit, der Freiheit und der Versöhnung wird gerade durch die Kritik der autonomieeinschränkenden Momente auf Seiten der Gesellschaft und des Individuums gewonnen.

Zudem ist nicht jedes Spannungsfeld ein dialektisches, das ausgehalten werden muss. Die meisten Spannungsfelder können und sollen aufgelöst werden. Die Pointe besteht aber darin, dass dialektische Spannungsfelder, wie beispielsweise das von Individuum und Gesellschaft, nur zu einem zu hohen Preis aufgelöst werden können, nämlich, indem die Struktur der ‚inneren Vermittlung der Gegensätze in sich' zerstört wird. Die mündigkeitsorientierten Optionen treten dann nicht mal annähernd in den Blick. Das Problem ist vielmehr, wenn allzu hemdsärmelig mit dialektischen Argumentationsfiguren umgegangen wird. Auf einige Differenzierungen wird man sich schon einlassen müssen, wenn der bildungstheoretische und der normative Gehalt von Mündigkeit ansatzweise zum Tragen kommen soll.

**ES:** Kannst du dazu ein Beispiel nennen?

**SM:** Der Klassiker sind Theorie-Praxis-Diskussionen. Hier werden beide Seiten oftmals zu schnell gegeneinander ausgespielt, um die Probleme der einen mit der anderen Seite scheinbar zu ‚lösen'. Dabei kann der Auflösung auch ein Moment zukommen, in dem der mündigkeitsorientierte Horizont auch gleich mit aufgelöst wird. So werden Theorien stetig danach befragt, was das nun für die Praxis bringen soll. Und auch umgekehrt funktioniert das Spiel: Tauchen Probleme in der Praxis auf, wird ‚die Theorie' danach befragt, welche praktikablen Lösungen sie bietet. Solche unvermittelten Perspektiven scheitern an einem ganz bestimmten Punkt und Erwartungen werden jäh enttäuscht; dann nämlich, wenn das Spannungsverhältnis nicht ausgehalten, sondern aufgelöst werden soll. Das sind die Kehrseiten, die ich ebenfalls in den Blick rücken möchte. Die Überbringer der schlechten Botschaft wurden allerdings noch nie mit offenen Armen empfangen.

Versteht man dagegen das Theorie-Praxis-Verhältnis als dialektisches, wie ich es im Anschluss an Adorno ausdifferenziert habe, dann wird rasch deutlich, dass mindestens neun Aspekte darin eine Bedeutung einnehmen (Müller 2020b, 55 f.). Wird nur einer der Aspekte ignoriert oder zu stark in den Hintergrund gerückt, gerät die ganze Theorie-Praxis-Dialektik in eine Schieflage, die dann auch nicht mehr den mündigkeitsorientierten Horizont ausschöpfen kann. Die Auflösung von Spannungsfeldern bietet zwar schnelle Lösungen, doch wenn es sich um dialektische handelt, können damit auch die mündigkeitsorientierten Optionen nicht mehr erhalten werden. Auch Praxis, gerade wenn sie auf Veränderung schielt, will reflektiert sein, sofern sie nicht einem reflexhaften Aktivismus huldigen soll (Adorno 1997b [1969]). Die Frage der Unterstützung und Verhinderung von politischen Veränderungsmöglichkeiten steht im Zentrum einer reflexiven politischen Bildung. Das Auflösen zu Gunsten der einen oder anderen Seite wird allerdings mit erheblichen Engführungen behaftet sein, das kann zumindest theoretisch schon mal vorweggenommen werden. Auch daher rücke ich neben der Erweiterung die Verhinderung von Denk-, Handlungs- und Urteilsmöglichkeiten prominent in den Blick. Die Verhinderung kann dabei sowohl strukturellen als auch theoretischen Ursprungs sein.

Die Relevanz von dialektischen Spannungsfeldern wird nicht nur in der Fachdidaktik jüngst wiederentdeckt. Für die Gestaltung von Bildungserfahrungen in der Schule weist Duncker z.B. schon seit Jahrzehnten auf das Potential der Dialektik hin (Duncker 1987, 2021). Helsper hat die Relevanz der pädagogischen Antinomien unter institutionellen Bedingungen von Bildung gezeigt (Helsper 1996, 2004). Dabei skizziert Helsper einprägsam, was passiert, wenn bestimmte Spannungsfelder dichotom verstanden und aufgelöst werden. Die Antinomie von Nähe und Distanz oder von Selbst- und Fremdbestimmung kann ohne Weiteres eindimensional aufgelöst und dadurch ein einseitiger Standpunkt bezogen werden. Dadurch wird aber zugleich das Gesamtverhältnis, die Gesamtkonstellation aufgelöst und dann erscheint nur noch Nähe *oder* Distanz bzw. Selbst- *oder* Fremdbestimmung als Option. Zudem kann im dialektischen Paradigma auch die Diskussion um die Förderung von Reflexivität in der universitären Lehrkräftebildung weiterführend bearbeitbar gehalten werden. In der Lehrkräftebildung findet sich kaum ein Ansatz, der nicht in irgendeiner Art und Weise auf ‚Reflexion' abzielt. In neueren Diskussionen schimmert nun langsam und vor allem sicher auch durch, dass sich der Inhalt dessen, was mit ‚Reflexion' gemeint ist, einer bloßen, unmittelbaren Handhabung sperrt (Müller 2018b; Häcker 2019; Reintjes/Kunze 2022).

Die mündigkeitsorientierten Optionen zeichnen sich schlicht und einfach nicht ab, wenn dialektische Spannungsfelder aufgelöst und nicht ausgehalten werden können. Adorno geht demgegenüber bekanntlich vom ‚Denken in Konstellationen' aus. Letztlich zielt er darauf ab, die gesellschaftlichen Konstitutions- und Konstruktionsbedingungen, die die Denk-, Handlungs- und Urteilsmöglichkeiten verstellen könn(t)en, in den Blick zu bekommen. Nicht jedes Spannungsfeld ist ein dialektisches – muss es auch nicht sein.

## 3.4 Beispiel: Affirmation oder Kritik?

**ES:** Lass uns diese Spur, die für die Konzeption einer reflexiven politischen Bildung bedeutsam ist, auch wieder an einem Beispiel diskutieren. Das Verhältnis von ‚Affirmation' und ‚Kritik' bietet sich hier möglicherweise an, weil es bis heute in dichotomen Varianten immer noch eine bestimmte Attraktivität in der politischen Bildung ausmacht. Wie nun mehrfach diskutiert, geht es einer dialektischen, reflexiven Perspektive um die Problematisierung von Dichotomien wie der von ‚Kritik' und ‚Affirmation'.

**SM:** Das ist wohl wahr, und gleichzeitig ist die Differenz eminent wichtig. ‚Kritik' und ‚Affirmation' können dichotom auf die Form des ‚Entweder-oder' gebracht werden. Dann erscheint entweder ‚Kritik' oder ‚Affirmation' als Bezugspunkt und als Ziel. Wendet man sich hingegen inhaltlichen Erwägungen zu und fragt beispielsweise nach dem Gegenstandsfeld, das (nicht) kritisiert werden soll, nach den normativen Kriterien, die die jeweilig vorgebrachte ‚Kritik' (nicht) in Anspruch nimmt, kommt erheblich Schwung in die Dichotomie. Für ‚Affirmation' gilt das umgekehrt genauso. Auch wenn mir kein Ansatz bekannt ist, der sich selbst als affirmativ bezeichnet – es handelt sich hier zunächst um eine Fremdzuschreibung, die der eigenen Positionierung dient –, universalisiert eine reflexive politische Bildung diese Befragung. Alle fachdidaktischen Ansätze, Konzepte und Theorien können dann auf das Gegenstandsfeld, das (nicht) kritisiert werden soll und nach den normativen Kriterien, die die jeweilig vorgebrachte ‚Kritik' (nicht) in Anspruch nimmt, befragt werden. Hier zeigt sich ein ganzer Reigen von Antwortmöglichkeiten, die eine reflexive politische Bildung aus der Perspektive der Unterstützung und Verhinderung von Denk-, Handlungs- und Urteilsmöglichkeiten diskutieren kann.

**ES:** Formal lässt sich das Verhältnis der beiden Momente zueinander also erneut in der Struktur der strikten Antinomie abbilden. Und inhaltlich?

**SM:** Das ist die entscheidende Frage. Wenn ich darauf hinweisen darf: Wir beide haben verschiedentlich dazu publiziert. In „Multiperspektivität und Reflexivität als Bezugspunkte politischer Bildung" (Müller 2016) habe ich diskutiert, inwiefern Multiperspektivität, Reflexivität und Kritik gemeinsame Bezugspunkte einer selbsternannten ‚kritischen politischen Bildung' ebenso wie einer zugeschrieben ‚affirmativen' oder auch ‚offenen politischen Bildung' darstellen. Zunächst interessant und vor allem befremdlich für alle an dieser Diskussion Beteiligten ist, dass sowohl in der Eigen- als auch in der Fremdzuschreibung eine Bezugnahme auf die drei genannten Begriffe stattfindet. Das verweist auch darauf, dass es kein Monopol für bestimmte Terminologien gibt. Anders ausgedrückt: Nur weil eine Bezugnahme auf ‚Kritik' stattfindet, muss noch lange keine Förderung und Unterstützung von individueller und gesellschaftlicher Freiheit damit verbunden sein. Die Scheinalternative einer kritischen politischen Bildung auf der einen und einer affirmativen oder offenen politischen Bildung auf der anderen Seite kann so in eine Sackgasse führen, wenn die eigenen Annahmen nicht reflektiert werden.

> „Anstelle von Selbst- und Fremdzuschreibungen, die auf binär-dichotome Annahmen rekurrieren, zeichnet sich eine andere, dafür entscheidendere Differenzlinie ab: Eindimensionale, affirmative und gesinnungsethische Ansätze stehen zur Kritik. Dagegen ist die jeweils starke Variante der angestrebten Kritikkonzeption durch ein reflexives, multiperspektivisches Begründungsmuster gekennzeichnet" (Müller 2016, 113).

Weiterführender ist es deshalb, die Bezugnahmen auf Multiperspektivität, Reflexivität und Kritik jeweils inhaltlich zu diskutieren: Welche Aspekte von Multiperspektivität und Reflexivität werden in der in Anspruch genommenen Perspektive (nicht) berücksichtigt? Mit welcher Konzeption von Kritik wird explizit und implizit (nicht) argumentiert? Wird die eigene Perspektive gesinnungsethisch gesetzt oder einer reflexiven normativen Begründungspflicht unterzogen und diese ausgewiesen? Inwiefern wird die Subjektivität aller Beteiligten darin anerkannt bzw. instrumentalisiert? Über diese reflexiven, nicht-dichotomen Fragefiguren lässt sich ein mündigkeitsorientierter Horizont eröffnen. In diesem liegen die gemeinsamen Bezugspunkte dann in der Kritik eindimensionaler, affirmativer und gesinnungsethischer Ansätze, die wiederum multiperspektivisch und reflexiv ausgewiesen und begründet wird.

Dann lässt sich aus dialektischer Perspektive auch diskutieren, welche Engführungen mit einer dichotom verstandenen ‚kritischen politischen Bildung' verbunden sind. Die gemeinsamen Bezugspunkte wie der Rekurs auf Multiperspektivität, Reflexivität und Kritik unterliegen dann nicht mehr einer offenen Begründungspflicht, sondern werden gesinnungsethisch vorentschieden. Das hat zwar den entscheidenden Vorteil, dass man sich eine ganze Reihe voraussetzungsvoller Diskussionen ersparen kann, allerdings um den Preis, dass eine mündigkeitsorientierte politische Bildung damit auch verabschiedet wird.

**ES:** Damit ist eine entscheidende Differenzierung verbunden: ‚Kritische politische Bildung' kann dichotom oder reflexiv konzeptualisiert werden. Damit sind auch gleich die zwei Anschlussmöglichkeiten benannt: Abgrenzung im Sinne hermetisch-abgeschlossener Selbstvergewisserung oder eine offene Theorie, die dann auch die Möglichkeit umfasst, eigene wie fremde gesinnungsethische Annahmen zu problematisieren und zurückzuweisen.

**SM:** Die Kenntnis der Optionen und Grenzen der eigenen und der gesellschaftlich dominierenden normativen Annahmen zeichnet eine reflexive politische Bildung aus. Ganz allgemein geht es an dieser Stelle wieder darum, ob die normativen Annahmen blind und gesinnungsethisch als richtiger Standpunkt gesetzt werden oder ob ein mündigkeitsorientierter Horizont angestrebt wird, der dann allerdings auf die eigenen normativen Annahmen und möglichen Folgen und Effekte eben dieser reflektieren kann. Hier entscheidet sich maßgeblich, wie und wodurch die Denk-, Handlungs- und Urteilsmöglichkeiten der Beteiligten untergraben und unterstützt werden.

Deine Ausführungen „Kritik und Normativität in der (Kritischen) Politischen Bildung“ (Scaramuzza 2018) arbeiten diese Zusammenhänge in der gebotenen Deutlichkeit heraus. Du hast das anhand der normativen Gebundenheit von Kritik sowie der dazugehörigen Reflexion auf die Kritik von Normalitätsannahmen diskutiert. Erst aus der Perspektive der Problematisierung von (meistens gar nicht so) subtilen Instrumentalisierungen von Lernenden wird deutlich, dass hier eine didaktische Herausforderung enthalten ist, die in dichotomen Konzeptionen verdeckt wird. Das führt aber nicht dazu, dass das Spannungsfeld von Fremd- und Selbstbestimmung, das hier enthalten ist, verschwindet, sondern es wirkt umso destruktiver, weil es nicht bewusst ausgestaltet werden kann.

**ES:** In dem Beitrag ging es mir darum zu zeigen, dass Kritik und Normativität nicht voneinander getrennt werden können. Kritik ist immer normativ und kann sich dem Problem der Gesinnungsethik nicht einfach entledigen, indem sie ihre normativen Bezugnahmen suspendiert (Ritsert 2009). Betrachtet man die Begründungsmuster in der Diskussion um Kritik und Normativität in der politischen Bildung genauer, kann eine dichotome und eine nicht-dichotome Lesart rekonstruiert werden. In der dichotomen Lesart werfen sich sowohl eine selbsternannte ‚kritische‘ als auch eine ‚offene‘, als ‚affirmativ‘ geschmähte politische Bildung gegenseitig vor, gesinnungsethisch und reflexhaft vorzugehen. Aus einer nicht-dichotomen Perspektive wird ausdrücklich das, wie du bereits diskutiert hast, zum gemeinsamen Bezugsproblem gemacht: Werden die eigenen normativen Annahmen offengelegt und reflektiert? Werden die Beteiligten in ihrer Subjektivität anerkannt oder werden sie instrumentalisiert? Dann zeichnet sich eine andere Differenzlinie ab: Offene oder geschlossene, mündigkeitsorientierte oder gesinnungsethische politische Bildung?

**SM:** Wenn ich noch mal daran erinnern darf: Sander hat in der Diskussion um die selbsternannte kritische politische Bildung bereits vor zehn Jahren auf das Problem der ‚Gesinnungs- und Bekenntnisgemeinschaft' (Sander 2013a, 241) hingewiesen. Das kann mit einer Reflexion auf die normativen Grundlagen politischer Bildung bearbeitet werden (Müller 2016, 2021a). Auf die Bedenken von Sander hat ansonsten erstaunlicherweise kaum jemand reagiert. Im mündigkeitsorientierten Paradigma ist das ohne Weiteres möglich. Die mündigkeitsorientierte Linie, die Sander freilegt, ist die entscheidende Einsicht einer *„strukturellen Differenz zwischen politischer Position und didaktischer Theorie"* (Sander 2013a, 241, Hervor. im Orig.).

**ES:** Sander bezieht sich hierbei explizit auf Schmiederer. Schon Schmiederer hat in den 1970er Jahren darauf hingewiesen, dass die Unterscheidung von Affirmation und Kritik nicht ausreichen kann, weil gesellschaftskritische Ansätze nicht automatisch mündigkeitsorientiert sind und umgekehrt. Er bindet die „Ebene der gesellschaftspolitischen Orientierung" deshalb an eine zweite, die der „didaktischen Orientierung". Wir sind hier wieder beim spannungsreichen Verhältnis von Bildung und Politik. Die darin enthaltene zentrale Weichenstellung für die politische Bildung lautet dann: Werden die Subjekte in ihrer Eigenständigkeit anerkannt oder werden sie instrumentalisiert? Wir haben das vor einiger Zeit nachgezeichnet (Müller/Scaramuzza 2022). Das zeigt, dass diese Diskussionen alles andere als neu sind. Und auch bei Schmiederer lässt sich nachweisen, dass diese Überlegungen weiter zurückreichen; er verortet seinen Ansatz selbst in der Kritischen Theorie. Das Rad muss nicht jedes Mal neu erfunden werden; auch in der Diskussion um die normativen Grundlagen politischer Bildung können wir auf den bereits erreichten Stand fachdidaktischer Forschung zurückgreifen.

# 4. Theorien (in) der sozialwissenschaftlichen Fachdidaktik

## 4.1 Fachwissenschaftliche Bezugsdisziplinen und -theorien

**ES:** Im Verlauf unseres Gesprächs sind wir wiederkehrend auf das Verhältnis von Bildung, Gesellschaft und Politik zu sprechen gekommen – allesamt vielschichtige Begriffe, die zumal auf unterschiedliche fachwissenschaftliche Bezüge verweisen können. In der Fachdidaktik wird die Diskussion der fachwissenschaftlichen Bezüge vor allem entlang der Frage der Bezugsdisziplinen der politischen Bildung – Politikwissenschaft, Wirtschaftswissenschaften, Soziologie, manchmal auch der Erziehungswissenschaft – geführt. Damit verbunden ist auch die Frage nach der Zusammensetzung des Faches: Geht es um eine sozialwissenschaftliche Bildung oder um Politik als Kern (Pohl 2020)? Oder wird sogar ein Integrationsfach Gesellschaftslehre angestrebt, bei dem Politik/Sozialkunde, Geschichte und Geographie, wie an vielen nicht-gymnasialen Schulen in Rheinland-Pfalz, in einem Fach unterrichtet werden (Goll 2018; Kohlhaas 2018)? Welche Bezugsdisziplin(en) steht bzw. stehen dabei jeweils im Mittelpunkt?

Aus Perspektive der Kritischen Theorie Adornos liegt der Rückgriff auf die Soziologie sehr nahe. Schon Adorno hatte dafür plädiert, dass der politische Unterricht „in Soziologie sich verwandeln“ (Adorno 1997a, 690) müsse, um seine Aufgabe zu erfüllen. Du selbst bist auch Soziologe. Welche Rolle kommt aus deiner Sicht der Soziologie für die politische Bildung zu?

**SM:** Wenn wir den historischen Verlauf der Bezugsdisziplinen der politischen Bildung analysieren, dann nahm in den 1970er Jahren die Soziologie eine weitaus prominentere Bedeutung ein. Die Soziologie als Bezugsdisziplin ist heute allerdings nahezu verschwunden. In der politischen Bildung wird aktuell auf die soziologisch ausdifferenzierten und feinjustierten Modelle und Analysen der verfügbaren Beobachtungen, Beschreibungen und Erklärungen von Gesellschaft weitestgehend verzichtet. Die Bezugsdisziplin, die sich mit Fragen der Gestaltung der Gesellschaft, des Ausbaus und der Vertiefung demokratischer Errungenschaften in und durch gesellschaftliche Strukturen, Institutionen und Organisationen und durch soziale Handlungen und Interaktionen beschäftigt, ist damit marginalisiert. Damit fehlen vergangene und aktuelle Analysen und Modelle, die sich damit beschäftigen, „was Gesellschaft eigentlich zu einem Gesellschaftlichen macht" (Adorno 2003, 57). Zurstrassen weist darauf hin, dass „die derzeitige bildungspolitische Vernachlässigung soziologisch-gesellschaftlicher Bildung insgesamt auch als Phänomen einer Entdemokratisierung gedeutet werden" (Zurstrassen 2017, 11) kann. In den seit 2017 vorgelegten Rankings Politische Bildung wird die Marginalisierung soziologischen Wissens in der politischen Bildung kontinuierlich empirisch sichtbar (aktuell Gökbudak/Hedtke/Hagedorn 2022). Um das auf den Punkt zu bringen: Die aktuellen gesellschaftlichen Herausforderungen – Digitalisierung, Populismus, Verschwörungserzählungen, um nur einige zu nennen – werden im schulischen Fachunterricht weitestgehend ohne Bezüge auf soziologisches Wissen bearbeitet. Das ist eine missliche Situation, die auf Kosten der Tragfähigkeit, der Sichtbarkeit und der Anschluss- und Zukunftsfähigkeit der politischen Bildung geht – und dabei bleibt es nicht. Mittel- und langfristig gehen dadurch auch Professionalisierungsmerkmale politischer Bildung verloren.

**ES:** Hier zeichnen sich auch Engführungen ab, die in den letzten Jahrzehnten gewachsen sind. Von der vielbeschworenen integrativen Fachdidaktik bleibt dann nur noch die Phrase.

**SM:** An dieser Stelle wird eine wegweisende Überlegung berührt: Wird einem Monismus oder einer pluralen sozialwissenschaftlichen Fachdidaktik vertraut (Engartner 2014)? Aus meiner Perspektive bin ich durchaus geneigt zu sagen: Es kommt auf eine integrative sozialwissenschaftliche Fachdidaktik an, die die Einsichten der Sozialwissenschaften gleichberechtigt miteinbezieht, um die Befragungs- und Distanzierungsmöglichkeiten, die die Soziologie bietet, ausschöpfen zu können. Gerade für reflexive Perspektiven, für Optionen der Befragung und Distanzierung liegen hier Möglichkeiten vor, die für einen mündigkeitsorientierten Unterricht verblüffenderweise bislang kaum genutzt werden. Das hat ganz einfach auch damit zu tun, dass angehenden Lehrer/-innen kaum soziologisches Grundwissen über die Funktion und Folgen gesellschaftlicher Ein- und Ausschlussmechanismen, die Gesellschaftsstruktur, Interaktionen usw. zur Verfügung gestellt wird, weil in den Modulordnungen die Soziologie so marginalisiert ist, dass die wenigen verbleibenden Hinweise im Studium für die spätere Berufstätigkeit kaum zu einem sozialwissenschaftlich fundierten Wissen von Lehrer/-innen beitragen können. Soziologische Erkenntnisse darüber, wie – um nur zwei Beispiele zu nennen – soziale Problematiken mit der Grundstruktur der Gegenwartsgesellschaft zusammenhängen, wie Diskriminierungen funktionieren und wie ihnen angemessen begegnet werden kann, werden künftigen Lehrer/-innen aktuell weitestgehend vorenthalten.

**ES:** Das wiederum hat auch mit der mangelnden sozialwissenschaftlichen Integration im Lehramt zu tun:

> „Der sozialwissenschaftliche Ansatz muss einräumen, dass die Methodologie der Integration noch unbefriedigend ent-

> wickelt ist […]. Die Lehramtsstudiengänge sind nicht hinreichend multidisziplinär-integrativ ausgerichtet. Allerdings böte die Konzentration auf das den Sozialwissenschaften Gemeinsame unter Zurückstellung der Differenzen eine Lösung, sowohl im Studium wie im Unterricht“ (Hedtke 2022, 48).

Eigentlich wissen alle bereits seit über 50 Jahren: Ohne soziologisches Wissen wird die politische Bildung ihre Aufgaben heute wie in Zukunft kaum zufriedenstellend erfüllen können.

**SM:** Wenn ich mir die gesellschaftlichen Herausforderungen vergegenwärtige, sei es lokal, regional, national oder auch international, lag Adorno mit der Kritik von Ressentiments leider nicht daneben. In Zeiten von Populismus ist das neben Ambiguitätstoleranz eine Kompetenz, die eine hervorgehobene Bedeutung einnimmt. Angemessene Fähigkeiten zum Aushalten von Differenz, von Pluralismus werden eine reflexive politische Bildung bis auf Weiteres noch nachhaltig beschäftigen. Es geht um den Ausbau und die Erweiterung von individueller und gesellschaftlicher Freiheit, die mündige Menschen voraussetzt und benötigt. Operationalisiert für den sozialwissenschaftlichen Unterricht bedeutet das, dass Pluralismusfähigkeiten auch gelernt und erfahren werden müssen. Doch ohne soziologisches Wissen kann ich mir solche Kompetenzen nicht vorstellen.

**ES:** Diese Aufgaben sind aber weder der Soziologie als Bezugsdisziplin noch dem sozialwissenschaftlichen Fachunterricht vorbehalten.

**SM:** Nicht nur, aber wie soll das – um noch einmal Adornos Figur aufzugreifen –, „was Gesellschaft eigentlich zu einem Gesellschaftlichen macht“ (Adorno 2003, 57), im schulischen Fachunterricht ohne Soziologie gelernt werden? Von Hause aus sind ganz unterschiedliche Voraussetzungen gegeben, mit welchen expliziten und stillschweigenden Normalitätsvorstellungen die Lernenden in der Schule zusammenkommen. Das ‚kulturelle Kapital' (Bourdieu) wirkt. Der sozialwissenschaftliche Fachunterricht bietet hier die wunderbare und nahezu einzigartige Möglichkeit, sich von anderen Perspektiven befremden zu lassen und darüber sozialwissenschaftliche Bildungserfahrungen kennenzulernen. Real sind durch das mehrgliedrige Schulsystem bereits Erfahrungen verstellt, auch Wissen wird den Nicht-Privilegierten vorenthalten usw. usf. Das alles ist bekümmerlich genug. Im Fachunterricht geht es um die vergleichsweise bescheidenen Möglichkeiten, wie individuelle und gesellschaftlich kursierende Annahmen, Forderungen und Erwartungshaltungen auf Distanz gebracht werden können, um sie reflexiv befragen zu können. Darum geht es in einer reflexiven politischen Bildung.

**ES:** Wenn wir nicht nur über Bezugsdisziplinen, sondern zudem über Bezugstheorien sprechen, öffnet sich das Feld noch mal in anderer Art und Weise: Rekurrieren wir in Bezugstheorien auf Erkenntnistheorie(n), auf Bildungs- und Subjekttheorie(n), auf Kulturtheorie(n), Gesellschafts-, Demokratie- oder Politische Theorie(n) – und in welchem Spannungsverhältnis stehen diese Bezüge zur politischen Bildung? Welche Theorien bieten sich für die sozialwissenschaftliche Fachdidaktik überhaupt an, welche nicht?

**SM:** Grundsätzlich können alle Theorien aus einer fachdidaktischen Perspektive aufgeschlüsselt werden. Und noch grundsätzlicher: Eine Theorie bedeutet eine Perspektive, zwei bedeuten zwei usw. – um hier nicht in einer additiven Anhäufung verhaftet bleiben zu müssen, sind aus didaktischen Gründen die unterschiedlichen erkenntnistheoretischen Zugänge ein probates Mittel, um einen Zugang zu wissenschaftstheoretischen Perspektiven zu erhalten. Konkret bedeutet das: Wenn ich einmal die Grundzüge des Konstruktivismus verstanden habe, bestehen aussichtsreiche Chancen, diese beim zweiten konstruktivistischen Ansatz auch zu erkennen. Das ist eine Möglichkeit, um im Dschungel der Theorieangebote zurechtzukommen: Die Kenntnis und die Differenzierung unterschiedlicher erkenntnistheoretischer Zugänge. Kürzlich habe ich dazu an die alte Differenz von Idealismus und Materialismus erinnert, die heute kaum noch präsent zu sein scheint, obwohl und weil der Sozialkonstruktivismus mit einer ganzen Reihe von Fragen beschäftigt ist, die sich um die Frage der Konstruktions- und der Konstitutionsbedingungen von ‚Gesellschaft' drehen (Müller 2022b). Eine politische Bildung, die sich ausschließlich in einem erkenntnistheoretischen Paradigma bewegt, wird dagegen zur Verengung von Möglichkeiten beitragen.

Eine andere Möglichkeit zum Umgang mit dem Theoriebezug in der sozialwissenschaftlichen Didaktik ist die Explikation der eigenen Perspektive. Ich für meinen Teil wähle – aus angebbaren Gründen – folgende: Wie tragen die jeweils vorgebrachten Theorien (wichtig hier der Plural) zur Unterstützung und zur Verhinderung von politischen Bildungserfahrungen in und durch die Gesellschaft bei? Dann stellen sich die Bezüge auf ‚die Theorien' schon mal anders.

**ES:** Damit setzt deine Perspektive bereits theoretische Annahmen voraus, nämlich die Relevanz von Gesellschaft. Nicht alle würden diese Annahmen teilen. So wäre denkbar, dass eine radikalkonstruktivistische Perspektive darin verbleibt, die Deutung von Welt und Wirklichkeit allein von den Subjekten abhängig zu machen. Das wurde und wird an konstruktivistischen Perspektiven wiederkehrend kritisiert. Zugleich scheint mir dieser Blick auf die mit dem Konstruktivismus verbundenen erkenntnistheoretischen Fragen verkürzt. Denn auch hier lassen sich reflexive Perspektiven erkennen, die die Subjektivität der Beteiligten nicht nur gegen, sondern in und durch Gesellschaft betrachten.

SM: Das ist eine der Stärken einer reflexiven politischen Bildung: Reflexivität und Mündigkeit sind keine Konzepte, die einem Paradigma vorbehalten sind. Sie werden jedoch deutlich anders konturierbar, je nachdem, in welchem erkenntnistheoretischen Paradigma man sich befindet. Hinzu kommt, dass auch innerhalb der Paradigmen unterschiedlich starke und schwache Varianten vorliegen können. Ohne Weiteres ist es in allen erkenntnistheoretischen Paradigmen möglich, nicht nur eine mündigkeitsorientierte, sondern auch eine gesinnungsethische Verortung vorzunehmen.

Zwei Aspekte sind hier entscheidend: Erstens zu wissen, in welchem Paradigma man sich bewegt und welche möglichen Chancen, aber auch Engführungen und Grenzen damit verbunden sein können; zweitens diejenigen Problemindikatoren freizulegen, über die Problembearbeitungsmöglichkeiten eröffnet und eine mündigkeitsorientierte politische Bildung weiterentwickelt werden können – wie zum Beispiel die grundsätzliche und unüberbrückbare Differenz von Subsumtion oder Anerkennung der Subjekte in und durch politische Bildung. Darauf zielt eine reflexive Perspektive ab.

Angezeigt ist damit zudem, dass die Frage nach ‚der' Theorie in gewisser Art und Weise abstrakt verbleibt und an dieser Stelle meine ich ‚abstrakt' in dem Sinne von ‚inhaltsleer'. Es gibt nicht die Theorie. Es gibt auch nicht, falls wir das weiter konkretisieren wollen, die eine Erkenntnistheorie oder die eine politische Theorie. Spätestens, wenn man sich damit beschäftigt, was unter den jeweiligen Bezugstheorien verstanden wird (und was dadurch ausgeschlossen werden soll), wird sichtbar, dass das keine homogenen Theorien sind, sondern unterschiedliche Ansätze, die bereits innerhalb der Bezugsdisziplinen kontrovers diskutiert werden und sich erheblich widersprechen können. Ein kurzes Beispiel: Was unter ‚Politischer Theorie' beispielsweise in Frankfurt verstanden wird, muss nicht das sein, was in Bonn, Bielefeld, Freiburg, Hamburg oder Berlin darunter verstanden wird – und der Blick auf Oxford, Yale und New York ist hier noch gar nicht einbezogen, der globale Süden fehlt meist nahezu durchgängig. Deshalb erscheinen mir solche Proklamationen wie beispielsweise ‚die Bezugstheorie der Politikdidaktik ist die Politische Theorie' als unterbestimmt. Mich interessiert vor allem, was die jeweiligen theoretischen Bezüge in einem integrativen Fach zu der Frage beitragen können, wie politische Bildung unterstützt und untergraben wird und werden kann. Das sehe ich als eine der genuinen Herausforderungen und Stärken einer professionalisierten sozialwissenschaftlichen Fachdidaktik.

**ES:** Das Problem bleibt: Sollen all die genannten Theoriebezüge einbezogen oder sollen ausgewählte fokussiert werden, die den professionalisierten Kanon bilden?

**SM:** Wenn ich daran erinnern darf: Aus einer reflexiven Perspektive kann eine Fixierung auf die Quantität der Bezugstheorien und der Bezugsdisziplinien substantielle Bildungserfahrungen auch verstellen. Dann dominiert rasch eine Anhäufung und Aneinanderreihung, ein Sammelsurium an Perspektiven, das die inhaltliche Auseinandersetzung verdecken kann. Es kommt daher auf die Qualität der Befragung und Distanzierung an. Die Fachdidaktik hat hier die entscheidenden weiterführenden Instrumentarien entwickelt, die aus einer reflexiven Perspektive auf ihre inneren Widersprüchlichkeiten befragt werden können. Nicht nur Kontroversität, auch Multiperspektivität, Pluralismus, Subjektorientierung und Wissenschaftsorientierung gehören dazu. Die Chancen und Probleme der unterschiedlichen theoretischen Zugänge verweisen damit zuvörderst auf inhaltliche Fragen – und das sind immer auch normative Fragen: Nach welchen Maßstäben werden die Stärken und Schwächen der jeweiligen Perspektiven auf Gesellschaft diskutiert? Nach der richtigen Gesinnung der Lehrenden, dem sozial erwünschten und erhofften Wissen? Nach dem Nutzen für den Unterricht, nach der Relevanz für die nächste Klausur, werden also utilitaristische Kriterien angelegt? Oder geht es um solche Ziele wie Freiheit und Mündigkeit, die über den reinen Utilitarismus hinausragen?

**ES:** Dennoch und gerade deshalb wird politische Bildung sich um vielfältige Bezüge bemühen und diese aushalten müssen.

**SM:** Ja, um ihre Anschluss- und Zukunftsfähigkeit abzusichern! Bei all den fachdidaktischen Diskussionen darüber, welche Bezugsdisziplinen einbezogen werden dürfen, sollen und können, gerät auch die weitere Professionalisierung ins Rutschen. Es ist noch nicht allzu lange her, dass der Weg der Professionalisierung in der politischen Bildung eröffnet wurde – es handelt sich um eine vergleichsweise sehr junge Disziplin, die schon von Anfang an vor der Herausforderung stand, unterschiedliche disziplinäre und theoretische Perspektiven zu integrieren. Ich will damit darauf hinweisen: Die Disziplin ‚politische Bildung' entstand nicht aus dem Nichts, sondern bezieht ihr genuines Profil aus einer steten Auseinandersetzung mit dem jeweils fortgeschrittenen Stand der Einzelwissenschaften, ohne freilich ihre Herkunft und Traditionslinien zu vergessen. Mir scheinen beide Richtungen, sowohl der Blick auf die aktuellen fachwissenschaftlichen Erkenntnisse als auch der Blick zurück auf die bereits vorliegenden Überlegungen der Fachdidaktik, ausbaufähig. Bereits ein kurzer Blick auf die aktuellen soziologischen und erziehungswissenschaftlichen Diskussionen und Instrumentarien – ich denke hier an die qualitative Sozialforschung, an interpretative und rekonstruktive Methoden – verdeutlicht, dass die politische Bildung von den Erfahrungen in anderen Disziplinen lernen und profitieren kann, um ihr genuines Profil angemessen aktualisiert weiterentwickeln zu können. Ebenso trägt der Blick zurück zu einer solchen Konturierung und Zukunftsfähigkeit bei. Sichtbarer wird dadurch u.a., welche bislang vorliegenden Konzepte und normativen Überlegungen in der Organisation von Mündigkeit (nicht) scheiterten. Die

Erfahrungen des grausamen Scheiterns von mündigkeitsorientierten Bildungserfahrungen unter institutionellen Bedingungen werden erst langsam ernsthaft aufgearbeitet und reflektiert. Ich denke beispielsweise an reformpädagogische Überlegungen, wie sie rund um die Konzepte solcher Einrichtungen wie der Odenwaldschule nachzulesen sind. Theoretisch können hier umsichtige mündigkeitsorientierte Überlegungen entnommen werden, die in ihrer Differenziertheit in heutigen Diskussionen kaum noch zu finden sind; praktisch fanden Übergriffe statt.[4] Noch ein paar Jahre weiter zurück zeigen sich ganz andere pädagogische und politische Allmachtsphantasien: In den Napola, den politischen Eliteschulen im Nationalsozialismus (Schneider/Stillke/Leineweber 1996).

Die Eigenständigkeit des Faches, die weitere Profilierung und der Ausbau der Professionalisierung politischer Bildung werden auf den weiteren Einbezug sozialwissenschaftlichen Wissens angewiesen sein – für die eigene Anschluss- und Zukunftsfähigkeit.

---

4 „In der bisherigen Geschichte der Erziehung und der Bildung erscheint etwa die Misshandlung von Kindern auch stets pädagogisch und institutionell legitimiert (DeMause 1977, Rutschky 1984). Erziehung in und durch Institutionen geht bis in die Ab- und Zurichtung der Körper hinein (Theweleit 1977a, 1977b). Der innere Zusammenhang von pädagogisch scheinbar legitimen Begründungen von Übergriffen und Gewalt durch institutionell organisierte Bildung ist dabei nicht allein faschistischen Kadettenanstalten vorbehalten. In jüngster Zeit wurden institutionelle und pädagogische Legitimierungen von Misshandlungen, Übergriffen und Gewalt in reformpädagogisch orientierten Bildungsinstitutionen deutlich (Andresen/Heitmeyer 2012, Thole et al. 2012, Oelkers 2016). Auch sozialwissenschaftliche Paradigmen, die sich der Befreiung, der Reformpädagogik oder allgemeiner der Emanzipation verbunden sehen, sind weder theoretisch noch empirisch vor macht- und herrschaftsförmigen Übergriffen geschützt. Diese Aspekte von theoretischen Bezugnahmen können ignoriert oder wegdiskutiert werden – dadurch werden sie allerdings weder substantiell verändert noch außer Kraft gesetzt“ (Müller 2022b, 28).

## 4.2 Das Verhältnis von Fachwissenschaften und Fachdidaktik

ES: Wenn die Fachdidaktik zur Reflexion der gesellschaftlichen Freiheitsmöglichkeiten beitragen will, dann muss sie dafür auch das zur Verfügung stehende sozialwissenschaftliche Wissen rezipieren und bereitstellen können. Mit der Frage der fachwissenschaftlichen Bezugsdisziplinen und -theorien ist also ferner die grundsätzliche Frage nach dem Verhältnis von Fachwissenschaft und Fachdidaktik berührt.

SM: Die Rede von den fachwissenschaftlichen Bezügen ist in der politischen Bildung gängig. Aus reflexiver Perspektive handelt es sich hier auch um eine der unhinterfragten Selbstverständlichkeiten, um das, was Fischer „stillschweigende Denkvoraussetzungen" (Fischer 1970, 96) nannte. Auf nahezu jeder politikwissenschaftlichen oder soziologischen Konferenz wird zumindest kurzfristige Irritation erreicht werden, wenn mit dem Terminus ‚fachwissenschaftlich' argumentiert wird. Was ich damit verdeutlichen will: Die Diskussion um das Verhältnis von Fachwissenschaften und Fachdidaktik beschäftigt vor allem die politische Bildung, sicherlich auch durch das Ringen um ihr eigenes Selbstverständnis. Die Fachdidaktik ist auf die Organisation mündigkeitsorientierter Bildung spezialisiert – nicht mehr und keinesfalls weniger. Die fachdidaktischen Prinzipien und Grundsätze können zu Distanzierungs- und Befragungsmöglichkeiten individueller und gesellschaftlicher Vorstellungen beitragen, wenn auf ihre innere Doppelläufigkeit von einschränkenden und unterstützenden Optionen reflektiert wird. Lass uns die politische Bildung und die sozialwissenschaftliche Fachdidaktik daher weder unter- noch überschätzen.

Problematisieren will ich an dieser Stelle zudem zwei weitere stillschweigende Voraussetzungen, in denen sich eine sozialwissenschaftliche Fachdidaktik einerseits überhebt, andererseits unnötig bescheidet. Die Überhebung findet dann statt, wenn die politische Bildung als direkte Lösung gesellschaftlicher Probleme missverstanden oder instrumentalisiert wird. Umgekehrt hat die unnötige Bescheidenheit mit einer Denkfigur zu tun, in der die Fachdidaktik den Fachwissenschaften folgen muss. Hier wird von der stillschweigenden Annahme ausgegangen: Zuerst kommt die Fachwissenschaft oder, im Falle integrativer Ansätze, die Fachwissenschaften und dann muss sich die Fachdidaktik an zweiter Stelle daran ausrichten. Hier bin ich skeptisch, weil in diesen Annahmen folgenreiche Begrenzungen enthalten sind und die Möglichkeiten einer reflexiven sozialwissenschaftlichen Fachdidaktik unterbestimmt verbleiben.

**ES:** Damit verbunden ist auch die umgekehrte Zuschreibung. Wenn die Fachdidaktik immer erst an zweiter Stelle kommt, kann die Fachwissenschaft sich scheinbar damit begnügen, didaktische Fragen auszublenden. Was dabei auch untergeht, ist der Umstand, dass auch die Fachwissenschaften mit fachdidaktischen Fragen verknüpft sind. In der Figur: „Fachwissenschaft first, Fachdidaktik second“ lässt sich das ausblenden, so als hätte es die Fachwissenschaft nicht nötig, ihre inhärenten didaktischen Fragen zu beleuchten.

**SM:** Auch die jeweilige Fachwissenschaft wird damit beschädigt, aber dort fällt es weniger auf, weil die Formen der Vermittlung von Wissen bislang weniger prominent diskutiert werden, obwohl diese Diskussionen in letzter Zeit auch verstärkt auftreten. Das sieht man daran, dass die Diskussionen um einen angemessenen Wissenschaftstransfer an Bedeutung zunehmen. Zusammen mit Mende habe ich vor einiger Zeit idealtypische Wege der Vermittlung wissenschaftlichen Wissens in die Gesellschaft skizziert und dabei drei Formen herausgearbeitet: die Vereinfachung, die Abbildung und die Übersetzung von Komplexität (Mende/Müller 2020). Es ging mir dabei auch darum zu verdeutlichen, was die Fachdidaktik zu leisten imstande ist und dabei die genannte stillschweigende Voraussetzung „Fachwissenschaft first, Fachdaktik second“ zu problematisieren. Ich strebe eher ein Verhältnis von Bezugswissenschaften und Fachdidaktik an, das nicht in einem Über- und Unterordnungsverhältnis konzeptualisiert ist.

**ES:** Einerseits benötigt die Fachdidaktik die Fachwissenschaften und kann nicht auf diese verzichten. Andererseits sind in Bildungskontexten noch die differenziertesten fachwissenschaftlichen Beiträge zum Scheitern verurteilt, wenn kein mündigkeitsorientiertes didaktisches Konzept der Autonomie von Lernenden vorliegt. Die Didaktik ist damit explizit an die Anerkennung der Autonomie der Lernenden gekoppelt, an der Förderung ihrer Mündigkeit orientiert.

**SM:** Entscheidend ist an dieser Stelle, was man unter ‚Didaktik‘ versteht. Bis heute halten sich Annahmen, dass es sich um eine Reduktion handelt, die dann im Sinne des Vorenthaltens von Wissen und Wissensformen verkürzt verstanden wird. Von Behrmann, Grammes und Reinhardt rührt eine Denkfigur, die ich im Rahmen einer reflexiven politischen Bildung als erkenntnisleitend setze. Behrmann, Grammes und Reinhardt

> „betonen die Funktion der Alltagsvorstellungen für das Individuum und demnach auch für den Lernprozess: es wäre ein Lehr-Kurzschluss, den mitgebrachten und vielleicht ‚bewährten‘, womöglich gegen Irritationen verteidigten Vorstellungen die ‚richtige‘ Lehre unvermittelt entgegenzustellen – sie hätte kaum eine Chance, einen Konzeptwechsel einzuleiten. Didaktik ist eben nicht ‚Reduktion‘, sondern ‚Transformation‘ unterschiedlicher Wissensformen“ (Behrmann/Grammes/Reinhardt 2004, 347).

Eine mündigkeitsorientierte Didaktik, die die Gestaltung von Lernumgebungen auch aus der Perspektive der Struktur, der gesellschaftlichen, institutionellen und organisationalen

Rahmenbedingungen her versteht, um die damit verbundene Unterstützung und Verhinderung von Denk-, Handlungs- und Urteilsmöglichkeiten zu diskutieren, wird nicht ernsthaft in Erwägung ziehen, den Lernenden Wissen vorzuenthalten. Didaktik ist damit nicht misszuverstehen als Verkürzung von Wissen. Sehr wohl muss es aber darum gehen, Wissen angemessen zu übersetzen (Mende/Müller 2020, 396). Das kann sich auf die Übersetzung von Denk- und Argumentationsfiguren, von normativen Grundorientierungen und von theoretischen Perspektiven in z.B. eine handhabbare Terminologie beziehen. Auch das macht eine reflexive sozialwissenschaftliche Didaktik so anspruchsvoll. Schließlich geht es darum, komplexes sozialwissenschaftliches Wissen so zu übersetzen, dass es für die Lernenden versteh- und diskutierbar wird, ohne die maßgeblichen Inhalte vorzuenthalten.

## 4.3 Theoriedefizite und Optionen fachdidaktischer Theorie

**ES:** Diese Gründe verweisen dann auch auf die Notwendigkeit fachdidaktischer Theoriebildung. Im Kern geht es dabei um die Frage, was ‚Didaktik' ist, was ihre Ansprüche und Ziele sind. Mir scheint, dass es in der gegenwärtigen sozialwissenschaftlichen Fachdidaktik allerdings kaum einen sichtbaren Theoriediskurs gibt.

**SM:** Im historischen Rückblick zeigt sich auch, dass es Konjunkturen gibt. Momentan sind theoretisch-konzeptuelle Überlegungen – obwohl sie untergründig eine erhebliche Bedeutung einnehmen (z.B. in der Kontroverse zum Konstruktivismus (vgl. Detjen/Sander/Pohl 2001) oder auch um Kompetenzmodelle (Weißeno et al. 2010; Autorengruppe Fachdidaktik 2011)) – zwar nicht so stark sichtbar, sie werden aber als Leerstelle bemerkt. Pohl hat vor geraumer Zeit die Situation treffend auf den Punkt gebracht:

> „[A]uf der Metaebene scheint die Frage, wie genau die Beziehung zwischen Politikdidaktik und sozialwissenschaftlichen Theorien aussehen könnte und sollte, fast 50 Jahre nach der sozialwissenschaftlichen Wende immer noch nicht ausreichend geklärt zu sein. […] Eine systematische Klärung des Verhältnisses der Politikdidaktik zu den sozialwissenschaftlichen Theorien steht also noch aus" (Pohl 2014, 421).

Das ist eine sehr einprägsame und auch ernüchternde Feststellung, der auch knapp zehn Jahre später noch Gültigkeit zukommt. Ich will aber darauf hinweisen, dass es in der sozialwissenschaftlichen Fachdidaktik bereits auch andere Phasen gab, die von einer intensiveren Auseinandersetzung mit Fragen der Theorie gekennzeichnet waren. Auffällig ist, dass es nun eine lange Phase gab, in der die sozialwissenschaftliche Fachdidaktik in den letzten Jahrzehnten stetig auf Abstand zu den Sozialwissenschaften gegangen ist. Es handelt sich hier um Fehlentwicklungen und Leerstellen, die nicht hemdsärmelig in ein paar Artikeln und Sammelbänden behoben werden können, sondern es bedarf längerfristiger Projekte, die institutionell abgesichert sind.

**ES:** Damit wären wir bei der Frage, wie Theoriedefizite in der politischen Bildung bearbeitet werden können und wie die Weiterentwicklung von theoretisch orientierten Arbeiten unterstützt werden kann. Wie und wo fangen wir an?

**SM:** Zunächst einmal kommt es auf eine gründliche Rekonstruktion des bereits erreichten Standes fachdidaktischer Theoriebildung an. Es wurde schon weitaus mehr erarbeitet als in den heutigen Diskussionen im Umlauf ist. Deine Diskussion der Arbeiten von Schmiederer wäre hier als Beispiel zu nennen.

Welches Vorgehen man für ein solches Vorhaben findet, ist wiederum abhängig von der eigenen erkenntnistheoretischen Präferenz, die man anlegt. Man kann das Ganze als kritische Rekonstruktion anlegen, man kann das als hermeneutische Rekonstruktion oder auch als Dekonstruktion formulieren usw. – mit jeweils unterschiedlichen Annahmen und auch Folgen. Marx hat sein Verfahren als „zugleich Darstellung des Systems und durch die Darstellung Kritik desselben“ (MEW 29, 550) beschrieben. Hier wird eine spezifische Doppelläufigkeit sichtbar, wie sie reflexiven Theorie- und Methodenfragen eigen ist.

Wenn wir uns einen der fachdidaktischen Ansätze anschauen und wir müssten das darin enthaltene theoretische Modell rekonstruieren, dann hätten wir je nach Größe der Diskussionsgruppe auch eine entsprechende Anzahl verschiedener Interpretationen und Schwerpunktsetzungen eines theoretischen Modells. Was macht man mit so einem Ergebnis? Sagt man dann, die eine ist richtig und alle anderen sind falsch? Oder nimmt man das als sozialwissenschaftliches Ergebnis und sagt, unsere jeweilige Theorieperspektive hängt auch eng damit zusammen, was wir jeweils subjektiv daraus (nicht) entnehmen und was wir jeweils auch subjektiv daran (nicht) weiterentwickeln und festhalten wollen?

Je begrifflich präziser und offener dieser Prozess angelegt ist, umso schärfer wird man dann auch sehen, dass Theoriebezüge begrenzt verbleiben – und sich letztlich sogar untergraben –, wenn sie als hermetisch abgeschlossene Vorstellungen angelegt sind. Hermetisch geschlossene Konzepte und Weltanschauungen werden theoretisch-konzeptuelle Arbeiten nicht voranbringen. Wir brauchen empirisch fundierte offene Theoriemodelle, offen im Sinne von kritisch-reflexiv befragbar.

**ES:** Die Reflexion der eigenen Theorieperspektive trägt dann dazu bei, das Verhältnis der Fachdidaktik zu den sozialwissenschaftlichen Theorien zu klären, wie es Pohl als Forschungsdesiderat beschreibt. Für die weitere Diskussion von methodologischen Fragen in der fachdidaktischen Theoriebildung ist darüber hinaus vielleicht der Vergleich mit der empirischen Forschung ratsam. Im Gegensatz zu empirisch Vorgehenden wissen Theorieinteressierte meist nicht, wie sie fachdidaktische

Theorie betreiben sollen, weil sie sich nicht auf einen differenzierten Methodendiskurs stützen und folglich nicht auf eine bestimmte Methode beziehen, diese anwenden, ggf. auch weiterentwickeln können.

**SM:** So scheint es und hier stellt eine reflexive politische Bildung auf die Befragung von ‚Theorien' um. Es geht nicht um eine Standpunktphilosophie, von der aus alles andere betrachtet und bewertet wird. Im Projekt einer reflexiven politischen Bildung geht es darum, dass ‚Theorien' befragbar gehalten werden können, auch und selbstverständlich die eigene. Eine reflexive politische Bildung stellt so explizit auf die Reflexion stillschweigender Annahmen ab. Hier treten dann auch Fragen danach auf, wie die (eigene) Theorie gebaut ist und ob sie das, was sie in Anspruch nimmt, erfüllen kann und welche (un-) beabsichtigten Nebeneffekte damit möglicherweise einhergehen. Auch die Kenntnis des Zusammenhangs von strukturellen und normativen Annahmen, von Form und Inhalt sowie der divergierenden erkenntnistheoretischen Paradigmen gehört hier dazu. Erfreulicherweise entwickeln sich hier seit einiger Zeit Diskussionen, die nach meiner Einschätzung auch damit zu tun haben, dass der Bezug zu den sozialwissenschaftlichen Diskussionen wieder verstärkt gesucht wird.

Dabei kann allerdings auch und gerade in Theoriearbeiten genau das Problem auftauchen, das du bereits skizziert hast, nämlich wenn Theorien bzw. Methoden ausschließlich instrumentell verstanden werden. Man greift ‚die Theorie' bzw. Methode heraus, wendet diese auf einen Gegenstand an und ist dann scheinbar automatisch auf der sicheren Seite. Glücklicherweise funktioniert das in theoretisch orientierten Arbeiten nicht – zumindest nicht aus einer reflexiven Perspektive. Auch methodisch scheitern solche Kurzschlüsse. In quantitativen oder qualitativen empirischen Arbeiten, in beiden Paradigmen besteht die Herausforderung darin, mit dem erhobenen Datenmaterial umzugehen. Es bedarf bislang immer noch der

Interpret/-innen, die im Zweifelsfall noch zwischen den richtigen Knöpfen am jeweils neuesten Computerprogramm auswählen müssen. Auch wenn sich von der jeweilig gewählten Methode Sicherheit versprochen wird, so werden in der quantitativen Sozialforschung die Randbedingungen nötig, unter denen die Ergebnisse nicht gelten, die ceteris paribus-Klauseln. In der qualitativen Sozialforschung zeigen sich die Herausforderungen anders. Auch hier kann zunächst die Fiktion dominieren, mit der ‚richtigen' Interpretationsmethode kommen am Ende schon die ‚richtigen' Ergebnisse automatisch dabei heraus. Der Weg der Rekonstruktion wird allerdings nur durch die subjektiven Interpretationen hindurch möglich sein. ‚Subjektiv' verstehe ich hier explizit nicht im szientistischen, positivistischen Sinne als ‚persönliche Einzelmeinung', sondern wenn wir etwas über ‚Gesellschaft' herausfinden wollen, dann wird das ohne den Einbezug der Subjektivität nicht gehen. Beides verweist auf die Notwendigkeit von Theorie.

**ES:** Damit hast du gleich zwei Aspekte berührt, auf die ich gerne näher eingehen möchte. Lass mich mit dem Begriff der Daten beginnen. Du hast gesagt, dass empirisch Forschende in ihren Studien mit erhobenem Datenmaterial konfrontiert sind, dieses auswerten und interpretieren müssen. Zumeist scheint es doch so, als wäre es in der empirischen Forschung klarer, was die Daten sind. Wie aber ist das bei der Theorie: was sind hier ‚die Daten'?

**SM:** Ich halte es für eine Fiktion, dass Daten in der empirischen Forschung klarer sind.

**ES:** Das habe ich mir gedacht.

**SM:** Aus einer reflexiven Perspektive hängt viel davon ab, was Daten sind. Das kann sich stark unterscheiden, und hängt wiederum mit dem Paradigma zusammen, in dem das Vorhaben verortet ist. Im sozialkonstruktivistischen Paradigma stellen sich ,Daten' anders dar als im ontologischen. Interessanterweise geht diese Differenz nicht im dominierenden Widerstreit zwischen quantitativem und qualitativem Paradigma auf. Es müssen demnach noch andere Merkmale dazukommen. Sowohl im quantitativen als auch im qualitativen Paradigma finden sich Arbeiten, die – freilich entgegen ihrer eigenen Intention – die Zahlen oder die Interviewauszüge für bare Münze nehmen und sie unmittelbar als die ganze soziale Realität ausgeben. Dann ist es so, wie die Zahlen bzw. die Interviewten sagen – und nicht anders. Aus einer reflexiven Perspektive kann das ganz und gar nicht überzeugen. Hier werden Daten kontextualisiert, interpretiert und rekonstruiert. Dann wird auch ersichtlich, dass Daten nur so gut wie ihre Interpretation sind. Daten sind gesellschaftlich produziert, der Gesellschaft entnommen und werden dieser wieder reflexiv zur Verfügung gestellt. In der Interpretation und Rekonstruktion werden die gesellschaftlichen und individuellen (Un-)Möglichkeiten analysierbar. Das macht eine sozialwissenschaftliche Rekonstruktion von Daten auch so voraussetzungs- und anspruchsvoll. Sie differenziert Komplexität aus, zeigt Selbstverständlichkeiten auf und setzt sich genau dadurch – aus szientistischer Perspektive – dem Verdacht aus, lediglich ,weiches Wissen' zu produzieren. Jedoch wird genau in der empirischen Rekonstruktion von Selbstverständlichkeiten sichtbar, wie gesellschaftliche Verhältnisse so wurden, wie sie sind und wie sie (nicht) geändert werden können.

**ES:** Der andere Aspekt, den du berührt hast und der untrennbar mit der Interpretation von Daten verbunden ist, ist die Frage nach der Subjektivität der Forschenden im Forschungsprozess. Du hast gesagt, dass wir nichts Substantielles über ,Gesellschaft' herausfinden können, wenn wir nicht die eigene Subjektivität miteinbeziehen. Warum?

**SM:** Die Rekonstruktion ist in sozialwissenschaftlich reflexiver Perspektive immer auch eine subjektive. In einem szientistischen

Wissenschaftsverständnis wird das (ausschließlich) als Problem behandelt, unter der Prämisse, dass die jeweilige subjektive Perspektive den objektiven Gegenstand verzerrt. Aus sozialwissenschaftlichen, kritisch-theoretischen, bildungstheoretischen, psychoanalytischen, feministischen, subjektorientierten, hermeneutischen, d. h. aus mehreren Gründen kann im interpretativen Paradigma andersherum argumentiert werden. Nur durch die subjektive Perspektive hindurch können wir erfahren und diskutieren, was in den jeweiligen Theorien uns über gesellschaftliche Objektivität mitgeteilt wird und was das für die Gestaltung von mündigkeitsorientierten politischen Bildungsprozessen bedeutet – und wo und wie diese verstellt werden.

**ES:** Während ein szientistisches Wissenschaftsverständnis Subjektivität als Problem ausklammern möchte, wird ein mündigkeitsorientiertes Paradigma nur durch den reflexiven Einbezug der subjektiven Perspektive überhaupt weitergeführt werden können. An dieser Stelle erschließt sich aber noch nicht, warum nur das Subjektive daran weiterführend sein soll. Warum können wir uns nicht darauf verständigen, zu sagen: naja, es gibt eine objektive Methode, die führen wir durch, die ist total entpersonalisiert, Personen A oder B können sie ganz genauso durchführen wie wir, wir würden zu den gleichen Ergebnissen kommen. Warum kann das eigentlich nicht funktionieren, weshalb bedarf es des subjektiven Moments an dieser Stelle?

**SM:** Weil es empirisch scheitert und theoretisch aus einer mündigkeitsorientierten Perspektive heraus nicht zu begründen ist. Es gibt freilich diese Vorstellungen. Heute sind das vorrangig Algorithmen, die scheinbar unabhängig von den Subjekten angewandt werden können. Bislang benötigt es aber immer noch Subjekte, die die Programme schreiben, die Daten einpflegen und damit auch entscheiden (müssen), unter welchen Prämissen Daten gewonnen werden, die gesellschaftliche Relevanz und Wirkung produzieren. Von Interpretationen bleibt auch das quantitative Paradigma nicht verschont. Es treten allerorten Subjekte ins Feld, die Daten produzieren und reproduzieren, auch wenn die Verfeinerungen stetig voranschreiten, die Subjekte außen vor zu lassen. Hier wird eine Fehlentwicklung bedient. Dieser Irrweg entsteht freilich nur aus einer Perspektive, die die Gestaltung gesellschaftlicher Verhältnisse mit den Freiheitsmöglichkeiten der Subjekte verbindet. Darüber entscheidet sich auch, ob Subjekte als Fehler, als Problem einer fehlenden oder nicht ausreichenden Methode verstanden und konzeptualisiert werden, in der die Methode einfach nicht ‚objektiv' genug ist, oder ob die Subjekte als Produzenten ihrer immer auch widersprüchlichen Wirklichkeit anerkannt werden. Eine reflexive politische Bildung setzt hier auf die Anerkennung der Subjekte, auf Mündigkeit. In einer empirischen und theoretischen Rekonstruktion der bewussten und planmäßigen Gestaltung von mündigkeitsorientierten Bildungserfahrungen stehen dann die sozialen Interaktionen, die Gestaltungsmöglichkeiten unter gesellschaftlichen und institutionellen Bedingungen im Mittelpunkt.

**ES:** Dann sind wir erneut bei der Prüffrage angelangt: inwiefern werden Freiheitsmöglichkeiten (nicht) erweitert und verstellt? Dieser Maßstab ist ein normativer, der der Gestaltung mündigkeitsorientierter politischer Bildungserfahrungen inhärent ist. Angenommen wird, dass unterschiedliche sozialwissenschaftliche Disziplinen und Perspektiven hierzu Relevantes beitragen können; dass – mit Steinert gesprochen – „Objektivität angesichts der Pluralität von sozialen Perspektiven nur reflexiv zu haben ist" (Steinert 1998, 72). Die Trennung der Blickwinkel wird im Modell reflexiver politischer Bildung aufrechterhalten, während zugleich eine Gemeinsamkeit in der normativen Perspektive geteilt wird: Mündigkeit.

**SM:** Damit ist eine weitreichende Einsicht markiert: Objektivität ist, wenn überhaupt, allenfalls als reflexive zu haben (Steinert 1998). In Bezugnahmen auf ‚Objektivität' können darüber hinaus noch weitere Differenzierungen vorgenommen werden. Ritsert hat vor längerer Zeit neun Ebenen von wissenschaftlicher Objektivität herausgearbeitet und fasst die innere Doppelläufigkeit so zusammen:

> „Objektivitätsanforderungen stellen mithin ein sehr strapaziöses Ansinnen: Wir müssen auch in den Wissenschaften Abstand von vielen Motiven und Neigungen nehmen, wollen wir erweiterte Einsichten gewinnen und verantwortungsvoll handeln. Nur dadurch können wir *objektiv* sein. Gleichzeitig sind *bestimmte* Motive, Neigungen, Interessen zu stärken, wollen wir *objektiv* denken und handeln" (Ritsert 1998, 198, Hervor. im Orig; vgl. dazu auch Ritsert 2017b, 113–126).

Von diesem Startpunkt aus wird wiederum sichtbar, dass dichotome Antworten im Stile von ‚Objektivität – ja oder nein' wohl kaum weiterführen. Für die Fachdidaktik kann immerhin festgehalten werden: Mit ‚Objektivität' kann auch eine Perspektive sozial legitimiert und abgestützt werden, die im Falle der politischen Bildung ganz und gar nicht an der Unterstützung der Denk-, Handlungs- und Urteilsmöglichkeiten von Lernenden orientiert sein muss. Der Rekurs auf Objektivität kann auch dazu dienen, die eigene Position als legitime auszugeben und andere dadurch zu delegitimieren. Aus einer sozialkonstruktivistischen Perspektive kann Objektivität so ohne Weiteres sowieso nicht überzeugen. Aus einer kritisch-theoretischen Perspektive sind Phänomene bereits durch die gesellschaftliche Objektivität, die bis in die einzelnen Momente hineingehen, präformiert. Die Psychoanalyse weist darauf hin, wie die objektiven Verhältnisse die individuelle Subjektivität bis ins Innerste hinein nachhaltig beeinflussen. Wenn wir etwas über gesellschaftliche Verhältnisse herausbekommen wollen, zum Zwecke der Gestaltung von mündigkeitsorientierten Bildungsprozessen, wird das ohne reflexive Bezüge auf die Subjektivität jedenfalls nicht gelingen.

**ES:** Erkenntnisse über die gesellschaftliche Objektivität sind also nur über und durch die Subjekte zu haben. Das gilt sowohl für die Empirie als auch für die Theorie. Welche Bedeutung können aber spezifisch theoretische Reflexionen zur Weiterentwicklung der politischen Bildung einnehmen?

**SM:** Zunächst einmal ist weder das quantitative noch das qualitative Paradigma frei von Theorie. Es ist ‚nur' eine andere Schwerpunktsetzung. Theoretisch orientierte Arbeiten zeichnen sich in erster Linie durch eine besondere Schwerpunktsetzung aus. Das enthebt nicht von einer empirischen Grundlage! Nur weil etwas empiriefrei ist, ist es keine Theorie. Die Abwesenheit von Empirie garantiert keine Theorie, ganz im Gegenteil.

Theoretisch orientierte Arbeiten stehen so gesehen vor dem Anspruch, sowohl eine Beschreibung der immer auch heterogenen empirischen Datenlage als auch eine Rekonstruktion der immer auch heterogenen theoretischen Erklärungen und Analysen geben zu können. Aus fachdidaktischer Perspektive bietet hier die Fokussierung auf die Verhinderung und Unterstützung von Denk-, Handlungs- und Urteilsmöglichkeiten einen wesentlichen Orientierungspunkt. Ein weiterer Orientierungspunkt wird sicherlich auch der Fokus darauf sein, ob proklamatorisch-gesinnungsethische Standpunkte in Anspruch genommen und/oder offene Argumentationsfiguren sichtbar werden, die die Eigenständigkeit von Lernenden ernst nehmen. Beides kann zusammengezogen werden im Konzept der Mündigkeit. Dann liefern theoretische Arbeiten in der politischen Bildung auch Bausteine zur zentralen Frage der Unterstützung, dem Ausbau und der Förderung von Mündigkeit.

**ES:** Theoretische Arbeiten in der politischen Bildung stehen so vor der doppelten Herausforderung, einerseits bestehende sozialwissenschaftliche Perspektiven aufzugreifen, zu rekonstruieren und zu diskutieren – sich also in einen Theoriediskurs einzuschreiben – und darüber in die sozialwissenschaftliche Fachdidaktik zu übersetzen, andererseits aber auch Hinweise zur Aufklärung der Empirie zu liefern. Was schwebt dir vor, wie kann dies auf der Textebene umgesetzt werden? Gibt es einen bevorzugten Darstellungsstil für die Weiterentwicklung theoretisch konzeptueller Arbeiten in einer reflexiven politischen Bildung?

**SM:** Auch hier ist der Blick zurück aufschlussreich, auf die fachdidaktischen Theorien und Konzeptionen der ersten Stunde, Gagel, Schmiederer, Fischer, Giesecke, Hilligen, Sutor oder auch Oetinger und Spranger. Wenn ich recht sehe, dann gibt es dort ganz wenige eigene Theoriekapitel (vgl. beispielsweise Fischer 1980, 243–258). Auch in den aktuellen Konzeptionen (vgl. dazu die Beiträge in Pohl 2016) finden sich kaum Theoriekapitel. Das hat unterschiedliche Gründe. Meist wird ‚die Theorie' implizit über die verhandelten Gegenstände entwickelt. Im Hinblick auf den Darstellungsstil sind auch hier im Vergleich mit quantitativen oder qualitativ orientierten Arbeiten die Gemeinsamkeiten festzuhalten: Eine rationale Argumentation wird im Mittelpunkt stehen. Rational bedeutet sozialwissenschaftlich aber auch, die unterschiedlichen Formen von Rationalität, ihre Annahmen und Effekte zu (er-)kennen. Die Theorien, mit denen man sich auseinandersetzt, an die man anknüpft und die man weiterentwickelt, bedürfen daher nicht nur einer adäquaten Wiedergabe, sondern es bedarf auch eines Verständnisses dafür, in welchem Paradigma diese verortet sind und – im Falle fachdidaktischer Arbeiten – was im Blick auf die Erweiterung und die Untergrabung von Denk-, Handlungs- und Urteilsmöglichkeiten damit (nicht) verbunden werden kann. Darüber hinaus geht es um eine weitere Ebene, die Ebene der Erkenntnisinteressen: Werden diese expliziert oder implizit gesetzt? Der Darstellungsstil in theoretischen Arbeiten ist nicht nur eine Geschmacksfrage, sondern, wie auch bei der Wahl des Vorgehens, abhängig vom theoretischen Paradigma. Eine hermeneutisch orientierte Arbeit wird vermutlich anders aufgebaut sein als eine kritisch-theoretische, eine systemtheoretische anders als eine intersektionale. Wenn ich recht sehe, dann liegen Arbeiten, die sich im systemtheoretischen Paradigma verorten, in der Politikdidaktik bislang nicht vor. Nimmt man das alles zusammen, erhält man erste Indizien, die für die Weiterentwicklung von theoretisch orientierten Arbeiten in der politischen Bildung gewinnbringend sein können. Sichtbar wird dann, dass an die vorliegenden fachdidaktischen Theorien auch unterschiedlich angeschlossen werden kann – gerade in und durch die Auseinandersetzung mit den theoretischen Prämissen, die darin (nicht) eingenommen werden. Wenn beispielsweise eine der dominierenden fachdidaktischen Theorien aus feministischer Perspektive rekonstruiert werden soll, dann wird dabei eine andere Theoriearchitektur vorausgesetzt und im Ergebnis erhalten als bei einem Vorhaben, das diese Theorie aus einem institutionenkundlichen Blick rekonstruiert. Was ist nun besser, kritischer oder mündigkeitsorientierter? Aus Perspektive einer reflexiven politischen Bildung lässt sich das zumindest im Vorfeld nicht ausmachen. Aus meiner Perspektive würde ich zumindest die beiden unterschiedlichen Projekte nicht lediglich gegeneinander ausspielen wollen, sondern beide Vorhaben beziehen ihre Stärke daraus, die Erweiterung und die Verhinderung von Denk-, Handlungs- und Urteilsmöglichkeiten benennen zu können, um erstere stärken und letztere erkennen und darüber problematisieren zu können. Was ich dadurch als theoretischen Gewinn, Erweiterung und Weiterentwicklung fachdidaktischer Theorie(n) erhalten kann, ist die jeweilige Größe und Grenze des diskutierten Ansatzes. Wir sind hier wieder bei Marx, der in seinen Ausführungen auf die Beschreibung abhob und durch diese Beschreibungen auch seine Kritik des Dargestellten sichtbar machen wollte. Ich gebe nicht nur wieder, sondern ich gebe auch wieder, was mein Erkenntnisinteresse ist, aus dem heraus ich die jeweilige Theorie rekonstruiere und aktualisiere, um auch angegeben zu können, ob die Theorie das (nicht) einhält oder gar (nicht) einhalten kann und muss, was sie zu sein vorgibt oder verspricht – und erhalte dadurch auch die Begrenzungen meiner eigenen gewählten Perspektive. Diese kann ich dann wiederum reflexiv in meine Konzeption einbauen, im steten Blick darauf, diese offen zu halten. Marx hat übrigens auch prägnant unterschieden zwischen dem Gang der Forschung und dem Gang der Darstellung, der in theoretischen Arbeiten zu unterscheiden ist. Den wirklichen Gang der Auseinandersetzung mit Theorien kann und will hinterher niemand lesen, weil notwendigerweise Irrwege, tastende Versuche, Nebenschauplätze, Unhaltbares und noch viel mehr die theoretische Auseinandersetzung kennzeichnet. Bei der Darstellung der Ergebnisse nach diesen – keineswegs nur erfreulichen – Prozessen ziehe ich kurze und kompakte Ausführungen vor, die die Ergebnisse prägnant wiedergeben. Das hat vor allem einen pragmatischen Hintergrund. Vor kurzem habe ich mir ein Interview mit Marcel Reich-Ranicki angehört, in dem er die maximale Anzahl von Büchern benannte, die ein Mensch im Laufe seines Lebens vermutlich lesen kann. Ich habe die genaue Zahl vergessen, aber das war atemberaubend niedrig.

**ES:** Das sind alles wunderbare Ansprüche, aber geht das auch unter den institutionellen Bedingungen von Wissenschaft heute?

**SM:** Hier wird es interessant, weil das Lehrende und Lernende gleichermaßen betrifft. Vor den institutionellen Bedingungen und den muskulösen Gepflogenheiten im Wissenschaftsbetrieb ist man mit keiner Theorie und mit keiner Empirie gefeit. Aber: Spricht das gegen eine reflexive politische Bildung oder gegen einige aktuelle Produktionsbedingungen von Wissen in der Institution heute? Die Antwort scheint mir recht klar zu sein. Sichtbar wird daran aber mindestens: Die Produktion von Wissen, auch eine reflexive politische Bildung ist auf strukturelle Rahmenbedingungen angewiesen. Es benötigt erstens den Raum, zweitens die Zeit und drittens die finanzielle Absicherung. Die Konturen einer reflexiven politischen Bildung sind allesamt keine Überlegungen, die man einfach mal so aus dem Ärmel schüttelt. Adorno hat von der „Negativen Dialektik“ als seinem dicken Kind gesprochen, an dem er sechs Jahre gearbeitet hat. Das war glatt gelogen. Wenn man sich anschaut, was Adorno Ende der 1920er- und dann in den 1930er- und 1940er-Jahren gearbeitet hat, dann sind das doch mehr als nur Vorarbeiten. Luhmann hat diesen hübschen Spruch mit den 30 Jahren Arbeit an seiner Theorie der Gesellschaft. Das sind Zeiträume, die sich von der Förderlogik von zeitlich und finanziell begrenzter Forschung unterscheiden und zu jeweils anderen Ergebnissen führen können.

**ES:** Damit werden die anstehenden Herausforderungen nicht unbedingt einfacher.

**SM:** Bei alledem gilt wiederum auch: So neu sind diese Herausforderungen dann auch wieder nicht und vieles liegt bereits ausgearbeitet vor. Die theoretische Konzeption einer reflexiven politischen Bildung ist, abgesehen von den üblichen Kinderkrankheiten, so weit entwickelt, dass auch nächste Schritte angegangen werden können: die empirische Überprüfung.

**ES:** Benannt ist damit eine weitere aktuelle und anhaltende Herausforderung in der politischen Bildung: Was passiert im sozialwissenschaftlichen Fachunterricht (Zurstrassen 2011)?

**SM:** Wir wissen es kaum. Vor einiger Zeit habe ich dazu bereits ein erstes exploratives Pilotprojekt gestartet (Müller 2021a, 209 ff.). In der Zusammenarbeit mit einer beruflichen Schule in Hessen ging es darum, wie die Umstellung auf reflexive Bildungserfahrungen im sozialwissenschaftlichen Unterricht (nicht) bewerkstelligt werden kann. Die Ergebnisse verweisen auf Herausforderungen, wie eine reflexive, mündigkeitsorientierte politische Bildung vertieft und ausgebaut werden kann. Mit empirischen Rekonstruktionen wird sich genauer zeigen, wie die Weiterentwicklungen (nicht) möglich sind. Das übersehen proklamatorische Ansätze, die sich auf Mündigkeit beziehen, leicht. Zum Vorteil der politischen Bildung war und ist dies sicherlich nicht.

**ES:** Gibt es neben dem Theoriedefizit also auch ein Empiriedefizit?

**SM:** In In- und Outputmessungen liegen zumindest Hinweise vor, z.B. zum Mind-Set von 14-Jährigen in Nordrhein-Westfalen (Abs/Laudenberg 2017). Weißeno hat vor einiger Zeit eine instruktive Zusammenschau quantitativ-empirischer Ergebnisse vorgelegt und resümiert: „Der ernüchternde Befund in der Zusammenschau ist, dass der Politikunterricht ein Qualitätsproblem hat" (Weißeno 2019, 193; vgl. dazu auch Weißeno 2022). In der qualitativ orientierten empirischen Forschung sehen die Befunde vergleichbar aus, freilich mit anderer Akzentuierung:

> „Während die naturwissenschaftlichen Didaktiken bereits seit Mitte der 1970er Jahre die Vorstellungen von Schülerinnen und Schülern über die einschlägigen Unterrichtsgegenstände untersuchen, sind die subjektiven Lernvoraussetzungen in der politischen Bildung noch weitgehend unbekannt" (Fischer/Lange 2022, 103).

Die empirische Rekonstruktion, was im Fachunterricht mit welchen Annahmen und Effekten (nicht) passiert, bildet eine der aktuellen Herausforderungen. Es liegen empirische Indizien vor, die auf eine ganze Reihe von dringenden Fragen verweisen. Grammes hat vor über 25 Jahren bereits aufgezeigt, dass hier ein Desiderat vorliegt (Grammes 1996). Bei alledem: Sowohl das Theorie- als auch das Empiriedefizit könnten behoben werden. Dazu werden allerdings strukturelle Voraussetzungen benötigt, die heute nicht mal annähernd in den Blick geraten. Ich erinnere nur daran: Im Jahre 1997 hat die DVPB in ihrer Delegiertenversammlung u.a. Folgendes beschlossen: „Entwicklung einer Initiative zur Errichtung eines bundesweit tätigen zentralen Forschungsinstituts zur pädagogischen und sozialwissenschaftlichen Forschung zur politischen Sozialisation und politischen Bildung analog zu den Hochschuleinrichtungen für die Didaktik der Naturwissenschaften (Kiel) und der Didaktik der Mathematik (Bielefeld)" (DVPB 2000, 104).[5] Ich bin mir sicher: Wenn ein solches Forschungsinstitut (sei es in der Leibniz-Gemeinschaft oder in der Max-Planck-Gesellschaft) existierte, gäbe es weder das Theorie- noch das Empiriedefizit und wir würden heute über ganz andere Sachen reden können.

### 4.4 Beispiel: Politische Bildung – mit oder ohne ‚Gesellschaft'?

**ES:** Auch an dieser Stelle würde ich gerne noch ein Beispiel anführen, um unsere Überlegungen praxiswirksam zu veranschaulichen. Deutlich geworden ist, dass die politische Bildung nicht auf eine ihrer zentralen Bezugsdisziplinen, die Soziologie, verzichten kann. Sie liefert das fachwissenschaftliche Wissen, um ‚Gesellschaft' erklären, verstehen und gestalten zu können.

---

5 Vgl. dazu auch: „Die Fachdidaktik Politik kann nicht auf die Leistungen eines IPN (Institut für die Pädagogik der Naturwissenschaften an der Universität Kiel) zählen – dort wird für die Fächer Mathematik und Naturwissenschaften seit Jahrzehnten geforscht und weitergebildet. Für uns ist es eine Katastrophe, dass die Bundeszentrale für politische Bildung sich vor langer Zeit und immer wieder gegen die Aufgabe der Forschung entschieden hat. Die BpB ist die einzige denkbare Institution, die eine koordinierende Funktion übernehmen könnte" (Reinhardt 2013, 77).

Zugespitzt läuft das auf die Frage hinaus: Ist eine sozialwissenschaftliche Fachdidaktik nun mit oder auch ohne Bezugnahmen auf ‚Gesellschaft' denkbar? Für uns ist die Antwort klar: Welche Folgen ergeben sich aus solchen Annahmen, wenn es um die Förderung der Denk-, Handlungs- und Urteilsmöglichkeiten geht? Wir haben das beispielsweise am Gender Unicorn, einem Konzept und Material aus der geschlechterreflexiven Bildungsarbeit, diskutiert (Müller/Scaramuzza 2023).

**SM:** Magst du dieses kurz vorstellen?

**ES:** Das Gender Unicorn ist eine Darstellung, die 2015 entwickelt wurde und auf die sogenannte Genderbread Person zurückgeht. Diese zeigt ein lilafarbenes Einhorn, das insgesamt fünf Aspekte bzw. Merkmale von Geschlecht aufweist, die jeweils dreiteilig strukturiert sind: männlich/Mann, weiblich/Frau und andere Geschlechter bzw. intergeschlechtlich. Zu den fünf Aspekten gehören:

- die *Geschlechtsidentität*, also die Frage danach, wie ich mich fühle, mich selbst verstehe; diese wird durch eine Gedankenblase mit Regenbogen angezeigt;
- der *Geschlechtsausdruck*, der auf die Frage abzielt, wie ich mich nach außen gebe; dieser wird mithilfe des Körperumrisses dargestellt;
- das bei *Geburt zugewiesene*, d.h. das medizinisch und danach rechtlich festgelegte *Geschlecht*, das im Gender Unicorn in den Genitalien in Form eines DNA-Strangs verortet wird;
- die *sexuelle Orientierung*, die danach fragt, von wem und wovon ich mich sexuell angezogen fühle;
- sowie die *romantische Orientierung*, die darauf verweist, von wem ich mich romantisch angezogen fühle, d.h. in wen ich mich verliebe und mit wem ich gerne eine Liebesbeziehung eingehe. Sowohl die sexuelle als auch romantische Orientierung werden im Modell durch zwei Herzen verdeutlicht.

Ziel des Gender Unicorns ist es nun, eine Reflexion der Diversität von Begehren und Geschlecht sowie des je eigenen Erlebens anzustoßen, indem man sich selbst im Modell verortet. Relativ schnell wird sichtbar, dass Geschlecht hier nicht als biologisches, sondern als sozial konstruiertes und veränderbares erscheint und damit im sozialkonstruktivistischen Paradigma verankert wird. Damit sind erhebliche Lösungsmöglichkeiten verbunden: Die Lernenden sollen erweiterte Perspektiven auf Geschlecht erhalten und in ihrem eigenen Begehren und ihrer geschlechtlichen Selbstverortung bzw. Identität gestärkt werden, selbst wenn diese gesellschaftlichen Normalitätsannahmen nicht entsprechen. Zum Problem wird das sozialkonstruktivistische Paradigma aber, wenn es als einziges Paradigma zur Verfügung gestellt und zumal eindimensional verkürzt wird.

**SM:** Interessanterweise zeigt sich der Sozialkonstruktivismus im Gender Unicorn in einer stark, man könnte schon sagen: absolut idealistischen und damit verkürzten Variante. ‚Geschlecht' erscheint hier als Wahlmöglichkeit, als könnten Identität, Ausdruck, Körper und Begehren lediglich ‚ausgesucht' werden und als gäbe es keine vorgängigen somatischen und gesellschaftlichen Momente. Entgegen dem eigenen Anspruch können gesellschaftliche Bedingungen und Erfahrungen so kaum reflektierbar gehalten werden. Gesellschaftliche Normalitätsvorstellungen und ihre repressiven Zwänge können dann schnell dem eigenen ‚falschen Denken' zugeschrieben werden. Gesellschaftliche Erfahrungen werden so individualisiert und den Lernenden angelastet, weil sie von einer Vermittlung mit gesellschaftlichen Bedingungen entkoppelt erscheinen.

**ES:** Das zeigt sich deutlich in den Aspekten ‚Geschlechtsidentität' und dem ‚bei Geburt zugewiesenen Geschlecht'. Bereits die Darstellung von Geschlechtsidentität als Regenbogen in einer Gedankenblase suggeriert, dass es sich bei der eigenen Identität um ein Gedankenkonstrukt handelt. Wo werden hier die sozialen und gesellschaftlichen Momente berücksichtigt, wie werden diese befrag- und reflektierbar gehalten? Anders verhält es sich mit dem ‚bei Geburt zugewiesenen Geschlecht'. Schon die Formulierung verweist zunächst darauf, dass soziale und gesellschaftliche Praxen maßgeblich in die Konstitution und Konstruktion von Geschlecht eingehen, konkret: indem Mediziner/-innen nach der Geburt von Kindern diese einem Geschlecht auf Basis von Normalitätsannahmen über das Aussehen und die Größe von Genitalien zuordnen. Nach dieser Festlegung von Geschlecht scheint es im Gender Unicorn aber keine weiteren sozialen und gesellschaftlichen Momente von Geschlecht zu geben. Hinzu kommt, dass auch körperlich-somatische Momente im Gender Unicorn weitestgehend entfallen, weil diese auf die Genitalien und das genetische Erbmaterial reduziert werden. Was aber ist mit geschlechtsspezifischer Arbeitsteilung, Erziehung und Sozialisation? Wo wird Geschlecht als gesellschaftliche Strukturkategorie beleuchtet? Wie wird Geschlecht leiblich erfahren und inwiefern ist das wiederum sozial und gesellschaftlich bedingt? Andere sozialwissenschaftliche Antwortmöglichkeiten und Paradigmen, die all dies diskutierbar halten könnten, bietet das Gender Unicorn nicht. Dabei könnten neben sozialkonstruktivistischen auch strukturorientierte und psychoanalytische Ansätze, die wissenschaftstheoretischen Paradigmen der Gleichheit, Differenz, Dekonstruktion und Intersektionalität hier erweiterte Möglichkeiten bereitstellen (Holland-Cunz 2003; Knapp 2011; Gerhard 2012; Becker-Schmidt 2016 [1998]; Kirchhoff 2016; Mende 2021). In der Fachdidaktik standen bislang jedoch meist Arbeiten im Mittelpunkt, die sich auf ein einziges Paradigma, allerhöchstens zwei konzentrieren, um diese Perspektive jeweils genauer zu konturieren (für die Dekonstruktion beispielsweise: Doneit et al 2016). Darauf kann eine geschlechterreflexive politische Bildung aufbauen, indem sie die Chancen und Grenzen der divergierenden Perspektiven für mündigkeitsorientierte Bildungserfahrungen aufbereitet und zur Verfügung stellt (Scaramuzza 2021, 2022, 2023; Müller/Scaramuzza 2023). Damit gehen auch erweiterte Optionen für die fachdidaktische Auseinandersetzung mit Geschlecht und für die Erstellung und Weiterentwicklung von Bildungsmaterialien einher.

**SM:** Die Frage lautet also so: Welche sozialwissenschaftlichen Perspektiven und erkenntnistheoretischen Paradigmen werden in und durch Bildungsmaterialien (nicht) zur Verfügung gestellt, um eigene und gesellschaftliche Normalitätsvorstellungen befragbar zu halten? Die Didaktik stellt hierfür die genuinen Instrumente bereit, namentlich das Indoktrinationsverbot, das Kontroversitätsgebot und das Autonomieprinzip. Auch hier noch mal zugespitzt: Wie und wodurch werden in der politischen Bildung die Optionen zur Befragung der Gesellschaft unterlaufen? Die Antwort: wenn das verfügbare sozialwissenschaftliche Wissen enggeführt oder marginalisiert wird. Das Gender Unicorn zeigt, welche unbeabsichtigten Effekte und Folgen durch monoparadigmatische Engführungen auftreten können. Wenn Lernende mit dem Gender Unicorn eine Diskrepanz zwischen den eigenen und den gesellschaftlichen Vorstellungen und Erwartungen feststellen, dann kann die Lernerfahrung eben auch lauten: dann denke einfach anders, verorte dich anders, wähle deine Identität, wähle dein Geschlecht. Demgegenüber kommt es in einer reflexiven politischen Bildung darauf an, die individuellen Annahmen, das Begehren und Erfahrungen im Spannungsverhältnis zu den gesellschaftlichen Bedingungen und Normalitätsvorstellungen reflektierbar werden zu lassen und zu halten.

Sowohl die Konturen einer sozialwissenschaftlichen Fachdidaktik als auch die mündigkeitsorientierten Optionen werden reduziert, wenn soziologisches Wissen weiterhin marginalisiert wird. Die Marginalisierung der ‚Gesellschaft' in der politischen Bildung hat rückblickend dem fachdidaktischen Profil geschadet und wird dieses angesichts der gesellschaftspolitischen Herausforderungen mittel- und langfristig weiterhin aushöhlen, wenn hier nicht nachgesteuert wird.

# 5. Merkmale einer reflexiven politischen Bildung

**ES:** Damit nähern wir uns abschließend der Frage, welche Anforderungen an eine Theorie einer reflexiven politischen Bildung, an eine mündigkeitsorientierte Fachdidaktik gestellt werden können. Bislang haben wir bereits eine ganze Reihe von Merkmalen gestreift. Wie lassen sich diese zusammenfassen?

**SM:** Bei der Frage nach den Anforderungen an eine reflexive politische Bildung befinden wir uns auf einer Ebene jenseits einzelner Autor/-innen, bevorzugter oder abgelehnter erkenntnistheoretischer Verortungen und auch jenseits des quantitativen oder qualitativen Paradigmas. Insgesamt würde ich folgende Merkmale anführen wollen, die sich gegenseitig stützen und ergänzen: (1) das Autonomieprinzip und (2) die Reflexion auf die normativen Begründungsmuster. Zur Organisation von reflexiven Bildungserfahrungen sind (3) unterschiedliche Pfade der Reflexion möglich. Hilfreich hierbei sind offene statt geschlossene Modelle, Multiperspektivität und Kontroversität sowie generell die mündigkeitsorientierte Befragung von Form und Inhalt der jeweiligen Konzeption. Wird eines der Merkmale unterlaufen und verkürzt, hat das Folgen für die anderen, weil diese dann nicht mehr in ihren Möglichkeiten für die Förderung von Mündigkeit ausgeschöpft werden können.

## 5.1 Das Autonomieprinzip

**ES:** Wir haben unser Gespräch mit einer Diskussion der Frage ‚Anerkennung oder Instrumentalisierung der Autonomie der Subjekte?' begonnen. Vertieft haben wir das in der Diskussion zum dialektischen Verhältnis von Selbst- und Fremdbestimmung, das auch im Beutelsbacher Konsens als dessen Tiefenstruktur enthalten ist. Sichtbar wird darin ein unhintergehbares Merkmal einer reflexiven politischen Bildung: Das Autonomieprinzip. Dieses zielt darauf ab, die Autonomie der Lernenden nicht nur anzuerkennen und vorauszusetzen, sondern auch zu fördern und die Lernenden in ihrer Selbstverortung zu unterstützen. Schmiederer hat das Autonomieprinzip im ‚Interesse der Schüler' zum Kern seiner didaktischen Konzeption gemacht. Dies gelingt ihm, indem er die eigenen normativen Annahmen in seinem Konzept einer emanzipatorischen politischen Bildung reflexiv befragbar hält und hierzu auf die spezifische Konstellation von gesellschaftspolitischer und didaktischer Orientierung verweist (Müller/Scaramuzza 2022).

**SM:** Dabei hat Schmiederer sich auch maßgeblich an der Kritischen Theorie, nicht zuletzt an Adornos Konzept von Mündigkeit orientiert. Ohne einen Gedanken an das Autonomieprinzip kann ich mir ein angemessenes Konzept von Mündigkeit nicht vorstellen. Adorno fasst den normativen Maßstab der Kritischen Theorie in seiner Vorlesung „Zur Lehre von der Geschichte und der Freiheit" in einem prägnanten Merksatz zusammen: „Das Individuum ist gewissermaßen der Prüfstein der Freiheit" (Adorno 2001, 247). Dies bildet den normativen Kern einer mündigkeitsorientierten Bildung. Und dabei geht es nicht um ein verabsolutiertes Freiheitskonzept, das die Freiheit des Einzelnen über alles stellt, was dann auch ‚jeder gegen jeden' bedeutet. Mit Adornos Bezugnahme auf das Individuum lässt sich demgegenüber diskutieren, inwiefern die jeweilige Konzeption die Autonomie des Subjekts unter gesellschaftlichen Bedingungen fördert und/oder instrumentalisiert. Bedeutsam wird hier zudem, dass Instrumentalisierungen nicht immer nur beabsichtigten ideologischen Annahmen folgen müssen. Eine reflexive politische Bildung zielt darauf ab, Bildungsangebote und Konzeptionen daraufhin befragbar zu halten, inwiefern sie die Autonomie des Subjekts sowohl unterstützen als auch untergraben – und zwar auch und gerade solche Angebote, die im Namen des ‚Guten', der ‚besseren Gesellschaft' oder der ‚Freiheit' selbst die individuelle Autonomie einschränken wollen.

**ES:** Damit enthält Adornos Merksatz vom ‚Individuum als Prüfstein der Freiheit' eine didaktisch-normative und eine gesellschaftstheoretische Ebene. Der Grad der erreichten gesellschaftlichen Freiheit lässt sich am Individuum ablesen, weil dieses nicht nur die gesellschaftlichen Beschädigungen und Zumutungen, sondern auch den Ausbau und die Erweiterung von Freiheitsmöglichkeiten erfährt. Zu Recht weist er also darauf hin,

> „daß von einer Freiheit der Gattung oder einer Freiheit der Gesellschaft auch nicht die Rede sein kann, wenn diese Freiheit nicht als Freiheit der Individuen innerhalb der Gesellschaft sich realisiert. [...] Und wenn lediglich auf die Freiheit des Ganzen oder der Gesellschaft verwiesen wird und durch diesen Verweis die Unfreiheit der Individuen befestigt wird, dann kann man sich sicher sein, daß es hier auch um die gesellschaftliche Freiheit, um die objektive Freiheit schlecht bestellt ist" (Adorno 2001, 247 f.).

**SM:** Adorno beharrt – als Gesellschaftskritiker – darauf, alle Rechtfertigungen und Versuche zu kritisieren, die das Individuum auch im Namen des ‚Guten' instrumentalisieren. An dieser Stelle zeigt sich eine Parallele zu einer mündigkeitsorientierten politischen Bildung, die die Autonomie, die Denk-, Handlungs- und Urteilsmöglichkeiten der Beteiligten fördern will (Müller 2021a, 11 ff.). Der mündigkeitsorientierte Horizont Adornos reflektiert auf utilitaristische Annahmen und gesinnungsethische Proklamationen und nimmt einen erweiterten normativen Bezugspunkt in Anspruch, der die Grenzen der beiden genannten normativen Linien problematisieren und reflexiv anders rahmen kann.

Bedeutsam dabei bleibt, dass Adorno dies nun nicht als Standpunkt verstanden wissen will. Im Hintergrund stehen bei ihm normative und theoretische Reflexionen auf das Verfahren der Kritik (Ritsert 2009; Müller 2011; Mende 2013; Menke 2016; Scaramuzza 2018; Mende 2021). Im mündigkeitsorientierten Paradigma kommt damit stets die Reflexion auf normative Annahmen hinzu, nämlich im Anschluss an den kategorischen Imperativ Kants die Lernenden nicht nur als Mittel, sondern jederzeit zugleich als Zweck an sich selbst zu behandeln. Das erst eröffnet den Horizont der Mündigkeit.

## 5.2 Begründungen statt Behauptungen. Gesinnungsethik, Utilitarismus und Mündigkeit

ES: Hier kommt nun die Diskussion der normativen Annahmen ins Spiel – ein weiteres Merkmal einer reflexiven politischen Bildung, das uns beide beschäftigt. Ohne dies auf ein standardisiertes Rezept reduzieren zu wollen, schwebt mir eine Lösungsmöglichkeit vor, in der die normativen Annahmen erkannt, benannt, erläutert und schließlich auch mit Blick auf ihre Folgen diskutiert werden – zum Beispiel unter der Fragestellung, welche Effekte explizit angestrebt werden, aber auch implizit damit verbunden sein können.

SM: Und das aus der Perspektive der Unterstützung und der Verhinderung der Autonomiechancen der Lernenden im sozialwissenschaftlichen Unterricht unter den institutionellen Bedingungen von Schule und Unterricht. Diese Perspektive gilt ebenso für die außerschulische politische Bildung, nur unter veränderten Rahmenbedingungen (Hafeneger 2022). Inhaltlich beziehen sich Konzeptionen von ‚Mündigkeit' stets auf normative Reflexionen (Müller/Scaramuzza 2022; Müller 2022c), und das zeichnet auch den normativen Kern einer reflexiven politischen Bildung aus. Grob skizziert haben wir in verschiedenen Arbeiten dazu die Figur von ‚Normativität als Problem und Lösung' entwickelt (Müller 2016; Scaramuzza 2018). Im Hintergrund steht hier die Diskussion der Differenzen zwischen gesinnungsethischen, utilitaristischen und mündigkeitsorientierten normativen Orientierungen (Müller 2020b, 11–13).

**ES:** Damit hast du drei zentrale Begründungsmuster benannt, die du für die politische Bildung unterscheidest: die Gesinnungsethik, den Utilitarismus und die Mündigkeit, die du im Paradigma der Deontik verortest. Was charakterisiert diese jeweils? Wo gehen diese auseinander, wo überschneiden sie sich?

**SM:** In der Diskussion der expliziten und impliziten normativen Annahmen werden die Gemeinsamkeiten und Unterschiede der verschiedenen Orientierungen deutlich. Normative Annahmen wurzeln ganz allgemein in dem, was man für ‚gut' und ‚richtig' hält. Es gibt eine lange und weit zurückreichende Diskussion, die sich ausführlich mit moralphilosophischen Fragen, mit Ethik beschäftigt. Der Utilitarismus bildet dabei eine bis heute überaus einflussreiche normative Orientierung: Gut ist, was nützt, so die Kurzformel. Interessant ist nun, auf was sich dieser Nutzen bezieht: auf die größtmögliche Zahl derjenigen, die davon profitieren, sicherlich. Das ist die grundlegende Voraussetzung im klassischen Utilitarismus. Ebenso kann sich der Utilitarismus auf das Glück der Mehrheit beziehen. Aus einer mündigkeitsorientierten Perspektive interessiert mich aber nicht nur die Mehrheit, sondern gerade auch diejenigen, die auf der Strecke bleiben. Wie wird sozial legitimiert, dass einige ausgeschlossen werden? Im utilitaristischen Denken kann mit der Orientierung am Nutzen für viele auch das Ausnutzen der Autonomie weniger begründet werden. Kant hat diese Antwort ganz und gar nicht überzeugt. Er hat für die Neuzeit eine andere normative Orientierung gegen den reinen Utilitarismus vorgebracht, in der er die Menschenwürde den Nützlichkeitserwägungen vorlagert.[6] Das bildet schließlich auch den normativen Kern, den Adorno für sein Konzept der Mündigkeit in Anspruch nimmt, um reine Nützlichkeitserwägungen problematisieren zu können: „Eine befreite Gesellschaft wäre jenseits [...] der Zweck-Mittel-Rationalität des Nutzens" (Adorno 1997 f. [1970], 338).

**ES:** Das Interessante ist nun, dass Mündigkeit nicht frei ist von jeglichen Nützlichkeitserwägungen, sondern Pflicht- und Nutzenethik im mündigkeitsorientierten Paradigma miteinander vermittelt sind. Das zeigt schon der Kategorische Imperativ Kants, auf den du soeben verwiesen hast: Dann geht es darum, Menschen *nicht nur* als Mittel, *sondern jederzeit zugleich* als Zweck an sich selbst zu behandeln.

**SM:** Im Paradigma der Mündigkeit ist das Autonomieprinzip dem Prinzip des Nutzens vorgeordnet, ohne es vollkommen aufzuheben. Das ist die entscheidende inhaltliche Differenz. Relevant wird dies, wenn der Nutzen für die Autonomie diskutiert wird. Deshalb nimmt das In-, Mit- und Gegeneinander utilitaristischer und mündigkeitsorientierter normativer Annahmen als Bezugsproblem auch in der sozialwissenschaftlichen Fachdidaktik eine weitreichende Bedeutung ein. Hinzu kommt für die politische Bildung noch eine andere normative Orientierung, die quer zu den beiden bereits genannten liegt und die prominent von Max Weber skizziert wurde: die Gesinnungsethik. Ein gesinnungsethisches Begründungsmuster orientiert sich (ausschließlich) an der eigenen Weltanschauung. Die Probleme, die damit verbunden sind, wurzeln und münden in der Rechthaberei, in Behauptungen, im Dogmatismus, in der Bornierung, auch in Ideologien, und sind struk-

---

6 Vgl. zu den Problemen und Engführungen im Utilitarismus Höffe 1979, Ritsert 2017, Ladenthin 2017; generell zur anderen Seite von Moral Gross 2010.

turell durch den Reflex geprägt. Darauf kann glücklicherweise reflektiert werden.

**ES:** Das verweist dann erneut darauf, dass Behauptungen allein nicht ausreichen, sondern die eigenen normativen Annahmen, die eigenen politischen Überzeugungen jeweils expliziert und begründet werden müssen.

**SM:** Idealtypisch lassen sich auch hier Denkfiguren unterscheiden. Die Denkfigur der Behauptung mündet im „Das ist so!", dort gibt es dann auch keine Diskussion mehr. Die Denkfigur der Begründung ist anders konfiguriert, sie zielt auf „Das ist so, weil ..."; damit werden Begründungen angeführt. In der Reflexion kann sogar noch eine weitere Schleife erhalten werden, die die Begründungen befragbar hält: „Ist das so, weil ...?" Hier eröffnen wir jetzt den weiten Horizont der Begründung, in dem Modelle der Reflexion verankert sind. Dahinter steckt die Differenz von Reflex, Reflektion und Reflexion, die drei Stellungen des Gedankens zur Objektivität, wie wir sie bereits diskutiert haben.

Aus reflexiver Perspektive können alle normativen Orientierungen jeweils gesetzt oder begründet werden (Müller 2018a, 91). Auch hier gilt wiederum, dass die eigene Verortung noch lange nicht bedeuten muss, dass diese auch begründet wird. Bezugnahmen auf das Mündigkeitsparadigma, die sich einer offenen Befragung zu entziehen versuchen und auf Begründungen verzichten, unterlaufen ihren eigenen Anspruch jedoch und nehmen den Charakter gesinnungsethischer Proklamationen an. Die entscheidende Weggabelung, an der sich gesinnungsethische Verkürzungen und mündigkeitsorientierte Konzepte trennen und dann auch nicht mehr vereinbar sind, ist deshalb die Frage nach dem Umgang mit den eigenen normativen und politischen Überzeugungen: Werden diese gesetzt oder reflexiv befragbar gehalten? Für die ganze Linie der Mündigkeit ist die Antwort klar: Die eigenen Überzeugungen können sich in der Gestaltung von Bildungserfahrungen nicht lediglich in einer Setzung erschöpfen, sondern unterliegen einer *Begründungspflicht*, die zudem auch noch befragbar gehalten wird. Wir haben das an verschiedenen Stellen ausgeführt (Müller 2020b, 2021a, 2021b; Müller/Scaramuzza 2022).

**ES:** Im Grunde genommen geht es bei der Begründungspflicht also darum, die eigenen normativen Bezugspunkte zu kennen und für die Gestaltung von Bildungserfahrungen auf reflexive Distanz bringen zu können.

**SM:** Ja – und nicht nur das. Hinzu kommt die Offenheit in der Begründung, die mit Mende (2021) als doppelte verstanden werden kann: Erstens, indem die eigenen normativen Bezugspunkte offengelegt werden – in unserem Fall: dass die Unterstützung der Mündigkeit der Lernenden besser ist als die Untergrabung dieser.

**ES:** Denn das erst ermöglicht es, die eigenen Annahmen, Gründe, die eigene Positionierung auf mögliche autonomieförderliche und -hinderliche, auf intendierte und nichtintendierte Folgen und Effekte befragen zu können.

**SM:** Offenheit bezieht sich aber auch noch auf eine andere Ebene. Offenheit bezieht sich zweitens darauf, offen für Kritik, offen für Argumente und offen für Weiterentwicklung zu sein. Mende hat das auf den Punkt gebracht:

> „Um überhaupt die Möglichkeit der Deliberation, des Austausches zu öffnen, was die Grundlage für Dialog und Aushandlungsprozesse bildet, braucht der jeweils eigene normative Anspruch ein Bewusstsein dafür, dass er fehlbar sein kann, dass er Leerstellen aufweisen kann, dass er auf Prämissen beruht, die zur Kritik gestellt werden können – er braucht ein Bewusstsein dafür, dass er unabgeschlossen ist" (Mende 2021, 179).

Deshalb ist eine offene Begründungspflicht auch so bedeutsam:

> „Die Reflexion auf die eigene Situiertheit trägt dazu bei, die Möglichkeiten der Veränderung und der Unabgeschlossenheit offen zu halten, ohne die normativen Ansprüche schlicht preiszugeben. Eine Reflexion auf die Gewordenheit und die Begründungen der eigenen normativen Ansprüche kann sowohl deren Revision oder Transformation als auch deren Stärkung bedeuten“ (ebd.).

**ES:** Der weitere Ausbau einer mündigkeitsorientierten politischen Bildung wird damit maßgeblich auf die Begründung, Kritik und Reflexion von normativen Annahmen und Orientierungen angewiesen sein.

## 5.3 Pfade der Reflexion

**ES:** Wie nun lassen sich reflexive Befragungsmöglichkeiten im sozialwissenschaftlichen Unterricht organisieren?

**SM:** Es gibt eine ganze Reihe von Pfaden, die jeweils zu Weggabelungen führen, die die Erweiterung von Denk-, Handlungs- und Urteilsmöglichkeiten (nicht) unterstützen. Um ein Bild zu bemühen: Das ‚Ich-sehe-was, was-du-nicht-siehst‘-Spiel kann auf zweierlei Weisen verstanden werden. In der rechthaberischen Variante wird den anderen vorgeführt, was sie nicht sehen – und am Ende können sich alle weiter in Sicherheit wiegen, weil die (eigenen) stillschweigenden Voraussetzungen unberührt bleiben. Die unsichere Variante ist die reflexive, die sich von anderen Perspektiven befragen und befremden lässt. Das kann zu erheblichen Umstellungen in den eigenen Annahmen führen. Das ist Bildung. „In Bildung geht es um Freiheit und Verantwortung, um Autonomie und Mündigkeit“ (Koerrenz 2022, 21).

**ES:** Lass uns diese Pfade, die eine reflexive Variante eröffnet, skizzieren und weiterverfolgen. Ich denke hierbei vor allem an offene statt hermetisch-abgeschlossene Modelle, an Kontroversität und Multiperspektivität und an die Befragung von Form und Inhalt.

## Offene statt geschlossene Modelle

**ES:** Wenn ich direkt zum ersten Pfad fragen darf: Wie sieht die Differenz von hermetisch geschlossenen und offenen Denkfiguren aus und welche Voraussetzungen sind mit den jeweiligen Ansätzen verbunden?

**SM:** Die Herausforderung besteht hier darin, dass im Rahmen einer reflexiven politischen Bildung auf die Problematisierung und Kritik von Determinismen umgestellt wird. Vor dem Hintergrund sozialwissenschaftlicher Erwägungen gibt es für die mündigkeitsorientierte Gestaltung von Bildung keine Automatismen, die eine Theorie liefern kann oder muss. Damit werden szientistisch verstandene Sicherheiten und Garantien brüchig und der Horizont der Freiheit auf andere Weise eröffnet. Damit trete ich auch dem Eindruck entgegen, dass man mit der Wahl einer bestimmten Theorie am Ende notwendigerweise auf der sicheren oder gar auf der richtigen Seite steht. Theoretische Erwägungen bleiben dem Zeitgeist oftmals verhafteter, als einem lieb sein kann. Eine reflexive politische Bildung fokussiert auf offene Theoriemodelle, um nicht in der Gesinnung und in einer hermetisch geschlossenen Systematik verhaftet zu bleiben. Der offene Startpunkt und das offene Ende zielen nicht auf Relativismus ab, sondern halten die Heilsgewissheiten, die mit der Wahl einer Theorie verbunden sein können, normativ befragbar.

**ES:** Aus diesen Gründen arbeiten wir beide mit idealtypischen Modellen. Warum sind diese für die Darstellung und Entwicklung offener Theorien besonders geeignet?

**SM:** Die Idealtypenbildung nach Max Weber ist ein ebenso geeignetes wie bewährtes Verfahren, um auf einer theoretischen Ebene zunächst einmal von den mannigfaltigen realen Erscheinungen absehen zu können. Dadurch können theoretisch entscheidende Weggabelungen prägnanter in den Blick gerückt werden. Der Diskussion in Modellen kommt so eine heuristische Funktion zu. Gezeigt wird damit auch, wie es (nicht) gehen könnte. Ich beziehe dabei den Charakter der Vorläufigkeit bewusst ein. Idealtypische Modelle können sich folglich dazu eignen, Theorien, ihre Vorannahmen und Folgen stärker als offene zu diskutieren, um so hermetisch geschlossenen Proklamierungen zu entkommen. Modelle nutze ich also dazu, um Engführungen und Optionen von Denkfiguren zu visualisieren, wenn damit die verstellten und mündigkeitsorientierten Lösungen erhalten werden können. Ein weiterer Vorteil besteht auch darin, dass damit genauer angezeigt werden kann, mit welchen Vorannahmen normative Legitimierungen politischer Bildung stillschweigend operieren und was das für die Freiheit der je Einzelnen und aller (nicht) bedeutet. Daher rücke ich auch stärker die unterstützenden und einschränkenden Rahmenbedingungen in den Mittelpunkt. Dazu sind Denk- und Argumentationsfiguren hilfreich, die den Anspruch haben, bereits strukturell offen zu sein, aber auch darüber hinaus offenbleiben. Diese Offenheit zielt dabei nicht auf Beliebigkeit ab, das wäre ein grobes Missverständnis; sie besteht vielmehr in Optionen, mit Standpunkten aus der Perspektive von Mündigkeit umzugehen.

**ES:** Damit ist die Größe von idealtypischen Modellen benannt. Wo aber liegen ihre Grenzen?

**SM:** Auch Modelle haben Grenzen. So würde ich Modelle nicht hypostasieren wollen. Nicht jede Diskussion von Gemeinsamkeiten und Unterschieden lässt sich modellhaft-tabellarisch darstellen, ohne in einen simplifizierenden Schematismus zu geraten. Auch würde ich Modelle nicht dazu verwenden wollen, sie eins zu eins auf Gegenstandsbereiche zu übertragen. Das, was ich beispielsweise als die drei sozialwissenschaftlichen Positionen der Kritik bzw. als Minimalstruktur reflexiv-kritischer Argumentationsfiguren skizziert habe (Müller 2021a, 152), würde die ganze Idee der Mündigkeit unterlaufen, wenn man diese schablonenhaft auf die empirische Realität im sozialwissenschaftlichen Unterricht bzw. in der politischen Bildung überträgt.

### Kontroversität und Multiperspektivität

**ES:** Die idealtypische Diskussion von Modellen bietet dann auch eine Möglichkeit, die Größen und Grenzen von theoretischen Konzeptionen und Perspektiven zu diskutieren. Eben jene verweisen auf einen weiteren Pfad der Reflexion: Kontroversität und Multiperspektivität. Die erkenntnistheoretischen Annahmen von sozialwissenschaftlicher Multiperspektivität haben wir bereits im Anschluss an Steinert (1998) diskutiert. Gerade weil Objektivität nur subjektiv und reflexiv zu haben ist, braucht es den Einbezug und die Rekonstruktion unterschiedlicher Perspektiven auf einen Gegenstand, ihrer Beziehungen sowie der Rahmenbedingungen, die diese jeweils strukturieren. Dabei geht es jedoch nicht um ein additives Modell, bei dem mehr Perspektiven automatisch besser sind; entscheidender als die quantitative Anhäufung der Perspektiven ist ihre qualitative Differenz, also die Frage, inwiefern durch die Auswahl und Strukturierung der Perspektiven Mündigkeit gefördert und/oder untergraben wird. Das lässt sich auf die sozialwissenschaftlichen Bezugsdisziplinen, die sozialwissenschaftliche Didaktik und auf die gesellschaftspolitischen Kontroversen beziehen, die in der politischen Bildung thematisiert werden.

**SM:** Kontroversität und Multiperspektivität sind fachdidaktisch anspruchsvoller, als einem lieb sein kann. Beide habe ich an anderer Stelle ausführlich diskutiert (Müller 2021a, 2021b,

2022a), weshalb ich hier stärker auf Fallstricke eingehen will. Der Fallstrick in der Kontroversität ist aus Perspektive einer reflexiven politischen Bildung folgender: Werden unterschiedliche Perspektiven ausschließlich gegeneinander ins Feld geführt (wie in der Rechthaberei) oder werden diese in ihren Stärken und Schwächen befragbar gehalten?

Hegel hat hier einen weiterführenden Hinweis: „Die wahrhafte Widerlegung muss in die Kraft des Gegners eingehen und sich in den Umkreis seiner Stärke stellen; ihn außerhalb seiner selbst anzugreifen und da Recht zu behalten, wo er nicht ist, fördert die Sache nicht" (Hegel 1970 [1813], 250). Auch wenn ich mit dieser militaristischen Terminologie nicht einverstanden bin, weil eine Theorie kein Gegner ist, so verweist Hegel hier auf eine für die politische Bildung bis heute zentrale Überlegung. Demnach sind wir dazu angehalten, uns in das Umfeld der Stärke des anderen, entgegenstehenden Arguments zu begeben.

Dem kann ein entscheidender Hinweis für eine reflexive politische Bildung entnommen werden. Die Gestaltung von mündigkeitsorientierten Bildungserfahrungen ist nicht nur durch ihre Stärken, ihre Größe bestimmt, sondern auch durch ihre Grenzen, mit allen möglichen Problematiken und Schwächen. Ohne Weiteres kann sich auf Stärken bezogen werden, um die je eigene bevorzugte Verortung umso heller erstrahlen zu lassen. Ein ganz anderer Effekt wird jedoch erzielt, wenn die Stärken entgegengesetzter Annahmen einbezogen werden. Das schärft nicht nur die eigene Konzeption, die eigene Verortung, sondern konturiert sie auch genauer – auch durch eventuelle Erweiterungen der (eigenen) Denk-, Handlungs- und Urteilsmöglichkeiten, die dadurch vorgenommen werden können.

ES: Umgekehrt entsteht jedoch auch ein für die politische Bildung gravierendes Problem, wenn Perspektiven nicht gegeneinander, sondern lediglich differenzlos nebeneinander gestellt werden. Ein solches additives Modell von Perspektivenvielfalt führt unmittelbar in den Relativismus, und dieses grenzen wir entschieden von einem reflexiven ab, das auf die Befragung und Begründung von normativen Orientierungen, auch der je eigenen, abzielt.

**SM:** Idealtypisch kann Perspektivenvielfalt daher auf einer ganz allgemeinen Ebene additiv oder reflexiv verstanden werden. In einem additiven Modell haben wir die Perspektiven A, B und C und so weiter und diese werden aneinandergereiht, gleichwertig nebeneinandergestellt. Wenn das so dargestellt wird, wird bereits das erste Problem dieses Modells sichtbar: Auf die mündigkeitsorientierte Herausforderung, die Perspektiven gegenseitig befragbar zu halten und hinsichtlich möglicher Stärken und Schwächen zu diskutieren, lässt sich so kaum reagieren. Die gegenseitige Befragung ist aber das Ziel und die Idee, warum Perspektivenvielfalt überhaupt erst zur Infragestellung von bisherigen Positionen beitragen kann. Eine reflexive Perspektivenvielfalt ist strukturell anders gebaut. Sie befragt die jeweiligen zur Diskussion stehenden Perspektiven nicht nur äußerlich, sondern auch im Blick auf ihre innere Konstitution und Konstruktion. Die Perspektiven sind dann nicht ‚nur' Perspektiven, sondern werden aufgeschlossen, entschlüsselt, enträtselt, und ihre soziale und gesellschaftliche Bedeutung tritt in den Mittelpunkt. Perspektiven werden hier als konstituiert und konstruiert konzeptualisiert, als produziert und reproduziert – und darüber auch als veränderbar sichtbar.

**ES:** Eine reflexive Perspektivenvielfalt gibt sich so nicht mit einer additiven Aneinanderreihung zufrieden, sondern befragt die Perspektiven gegenseitig auch im Blick auf ihre inneren Annahmen, ihre Voraussetzungen, ihre gesellschaftliche Funktion, die eigene Rolle darin usw. usf. und damit auch darauf, wie diese gesellschaftlich vermittelt sind. In die Perspektiven A, B, C gehen schließlich auch soziale und gesellschaftliche Voraussetzungen ein, die die jeweilige Perspektive prägen.

Diese Differenz ist entscheidend, weil damit die Wege der inhaltlichen Auseinandersetzung, der Befragung, generell von Mündigkeit geöffnet und unterstützt oder erschwert, vielleicht sogar verbaut werden können. Wie lassen sich diese Überlegungen allerdings nun für die Gestaltung von Bildungserfahrungen nutzen? Welche Heuristiken und Methoden eignen sich, um Perspektiven weder ausschließlich gegeneinander noch lediglich nebeneinander zu stellen?

**SM:** Man kann sich einem solchen Verfahren in unterschiedlicher Art und Weise nähern. In meinen Seminaren diskutiere ich mit Studierenden auch ganz gezielt diejenigen einflussreichen Konzeptionen, bei denen ich den Eindruck habe, dass sie zur Verhinderung gesellschaftlicher und individueller Freiheitsmöglichkeiten beitragen. Das öffnet Befragungs- und Distanzierungsmöglichkeiten; den ersten befreienden Aspekt für Studierende sehe ich darin, wenn sie die vorgesetzten Texte nicht kritiklos und unhinterfragt übernehmen.

**ES:** Eine Heuristik, mit der du arbeitest und die ich auch verwende, ist die Unterscheidung von unterstützenden, wohlwollenden und kritischen, gegen den Strich bürstenden Lesarten. Das ermöglicht es, die reflexive Prüffrage ‚Erweiterung und/oder Verstellung von Freiheitsmöglichkeiten?' in eine sehr handhabbare Form zu überführen. Zugleich öffnet das den Horizont dafür, dass eine reflexive Gestaltung von Bildungserfahrungen nicht nur jeweils Größen oder Grenzen, sondern beides, Größen und Grenzen aufweist. Sowohl für Theoriearbeiten als auch für die Lehre bietet diese Unterscheidung damit einige Möglichkeiten.

Wenn wir zudem an Kontroversität in der politischen Bildung denken, dann liegt der Rückgriff auf die Pro-Contra-Debatte nahe. Am Beispiel des Nahostkonflikts haben wir bereits diskutiert, welche Fallstricke auftreten können, wenn die Pro-Contra-Diskussion ausschließlich additiv-dichotom verstanden wird. Ist diese Methode aus einer reflexiven Perspektive also überhaupt geeignet?

**SM:** Das kommt auf die Gestaltung an. Eine mündigkeitsorientierte Pro-Contra-Debatte wird die dichotome Form von ‚ja' oder ‚nein' stets überschreiten, weil sich differenziertere Argumentationsfiguren abzeichnen. Werden die Lernenden aber ausschließlich auf Verhältnisbestimmungen zur gesellschaftlichen Realität festgelegt, in denen sie ‚ja' und ‚nein' sagen sollen, dann wird auch deutlich, in welche Verhängnisse ein dichotom verstandenes Kontroversitätsprinzip führen kann.

**ES:** Auch hier besteht wiederum die Gefahr, einem additiven Verständnis von Kontroversität und Multiperspektivität zu verfallen, wenn lediglich zwei gegensätzliche Positionen dargestellt und vorgetragen, diese aber nicht genauer auf ihre Annahmen und Voraussetzungen oder sogar auf ihre inneren Überschneidungen untersucht werden. Eine mündigkeitsorientierte politische Bildung bleibt damit auf ein reflexives Modell von Perspektivenvielfalt angewiesen.

### Form und Inhalt

**ES:** Aus unserer bisherigen Diskussion wurde darüber hinaus deutlich, dass die Struktur von Begriffen stets mit ihrem Inhalt verbunden ist. Eine reflexive politische Bildung befragt und diskutiert deshalb sowohl die Struktur einer Argumentation (Form) als auch die ihr zugrunde liegenden normativen Annahmen (Inhalte).

**SM:** Eine andere Terminologie für die ‚Form' wäre Syntax oder Struktur. Die Frage auf dieser Ebene lautet dann: Wie ist die Struktur der Argumentation gebaut, die sich auf ‚Mündigkeit' bezieht? Eine reflexive politische Bildung bezieht ihre Verhinderungsbedingungen ebenfalls mit ein. Daher kann eine weitere Differenzierung der Frage entnommen werden: Wie ist die Struktur der Argumentation gebaut, die ‚Mündigkeit' verstellt und verhindert?

**ES:** Auf dieser Ebene sind dann Unterscheidungen wie dichotom oder nicht-dichotom, rechthaberisch oder reflexiv, setzend oder begründend zu verorten. Und inhaltlich?

**SM:** ‚Inhalt' ist auf einer ganz allgemeinen Ebene auch eine Terminologie, die auf eine ebenso abstrakte wie weit zurückreichende Tradition zurückblicken kann. Hier kann auch von ‚Semantik' gesprochen werden. Die Frage auf dieser Ebene lautet daher: Welche semantischen Vorstellungen, Wünsche, Hoffnungen, Erwartungen werden in Anspruch genommen, die sich auf ‚Mündigkeit' beziehen? Wiederum die analoge Antwort: Eine reflexive politische Bildung bezieht ihre Verhinderungsbedingungen ebenfalls mit ein. Daher kann eine weitere Differenzierung der Frage entnommen werden: Welche semantischen Vorstellungen (Inhalte) werden nicht einbezogen, oder gar ausgeblendet und ignoriert, die auf ‚Mündigkeit' verweisen?

**ES:** Bei der Befragung von Form und Inhalt geht es dann um die strukturellen und inhaltlichen Annahmen, nach denen die unterschiedlichen Modelle von ‚Mündigkeit' diskutiert werden können. Wie gestaltet sich aus Sicht einer reflexiven politischen Bildung das Verhältnis der beiden Ebenen zueinander?

**SM:** Eine reflexive politische Bildung bringt Form und Inhalt bzw. Syntax und Semantik in eine Beziehung zueinander – und zwar aus einer ganz bestimmten strukturellen und normativen Perspektive. Strukturell wird eine nicht-dichotome Argumentationsfigur in Anspruch genommen, wie sie besonders prägnant dem dialektischen Paradigma bei Adorno entnommen werden kann. Die normative Perspektive ist im Kürzel ‚Mündigkeit' zusammengezogen. Aus dem bisher Diskutierten wird deutlich, dass ich dafür vorschlage, zwischen gesinnungsethischen Proklamationen und einer Orientierung an Mündigkeit zu differenzieren. Es geht hier wohlgemerkt um Didaktik, um politische Bildung. Hier ist eine mündigkeitsorientierte reflexive politische Bildung durch die Struktur „Selbst- durch Fremdbestimmung“ (Müller 2023) gerahmt, die ihren Inhalt aus der normativen Reflexion auf die Engführungen gesinnungsethischer und utilitaristischer Annahmen gewinnt.

# 6. Mündigkeit: Die Unterstützung von Denk-, Handlungs- und Urteilsmöglichkeiten

**ES:** Letztlich geht es einer reflexiven politischen Bildung also um die Frage: Unterstützung und Verhinderung von Mündigkeit?

**SM:** Ja. Diese Frage würde ich aus fachdidaktischer Perspektive operationalisieren als Erweiterung, Unterstützung, Förderung und Ausbau von Denk-, Handlungs- und Urteilsmöglichkeiten in und durch die Kritik all jener Momente, die diesen entgegenstehen. Vorausgesetzt ist dabei, dass Lernende nicht als unmündig konzeptualisiert, sondern in ihrer Autonomie und Subjektivität anerkannt werden. Diese Orientierung an Mündigkeit bietet eine Gemeinsamkeit, die allen fachdidaktischen Ansätzen zukommt und daher auf einer allgemeinen Ebene durchaus als kleinster gemeinsamer Nenner skizziert werden kann, aber in inhaltlicher Hinsicht unterschiedlich gefüllt wird. Es ist und bleibt die Frage, ob und inwiefern die jeweiligen fachdidaktischen Konzeptionen zur Unterstützung von Denk-, Handlungs- und Urteilsmöglichkeiten beitragen. Diese Frage kann umso weiterführender beantwortet werden, wenn nicht nur auf die eine Seite, die der Erweiterung, fokussiert wird. Es geht auch gleichzeitig immer um die Verhinderung von mündigkeitsorientierten Optionen. Eine reflexive politische Bildung bezieht auf konzeptueller Ebene beides ein: Unterstützung *und* Verhinderung von Denk-, Handlungs- und Urteilsmöglichkeiten in und durch die Organisation von Lernumgebungen. Die Reflexivität besteht so auch in der Anerkennung der Doppelläufigkeit. Es wäre ein Missverständnis für eine an der Unterstützung der Freiheit der je Einzelnen und aller orientierten politischen Bildung, wenn sie nicht gleichzeitig reflektieren würde, dass sie möglicherweise auch die Autonomiemöglichkeiten der Lernenden untergraben kann, obwohl sie das vielleicht gar nicht will. Zuvörderst gilt das für die schulische, dann auch für die außerschulische politische Bildung.

Die politische Bildung stärker auf eine reflexive Konzeption umzustellen, halte ich deshalb für zukunftsweisend. Bewahrt, angeschlossen und weiterentwickelt werden damit auch die bereits vorliegenden Lösungsbewegungen, die im Konzept von Mündigkeit enthalten sind. Eine kleine Rückschau sei erlaubt: Auch wenn es an einigen Ecken und Enden noch knirscht und Ausdifferenzierungen anstehen, so haben wir in den letzten Jahren doch kontinuierlich die Bausteine für ein solches Projekt zusammengetragen: Sei es anhand von ausgewählten fachdidaktischen Prinzipien und Bezugspunkten (wie Emanzipation, Normativität, Kritik, Reflexivität, Subjektivität, Multiperspektivität, Kontroversität, Dialektik) oder gesellschaftlichen Herausforderungen (Religion, Antisemitismus, Geschlecht).

Mündigkeit kann nicht verordnet werden und darin besteht ihre Hoffnung und ihr Versprechen. Mündigkeit kann aber organisiert werden, und das ist die Aufgabe und das Ziel einer reflexiven politischen Bildung.

# Literatur

**ABS,** Hermann Josef/Hahn-Laudenberg, Katrin (2017): Das politische Mindset von 14-Jährigen. Ergebnisse der International Civic and Citizenship Education Study 2016. Münster.

**ACHOUR,** Sabine (2022): Gesellschaftliche Diversität: Herausforderungen und Ansätze. In: Sander, Wolfgang/Pohl, Kerstin (Hg.): Handbuch politische Bildung. Frankfurt/M., S. 365–373.

**ADORNO,** Theodor W. (1966): Negative Dialektik. Frankfurt/M.

**ADORNO,** Theodor W. (1971 [1963]): Erziehung zur Mündigkeit. In: ders. (Hg.): Erziehung zur Mündigkeit. Vorträge und Gespräche mit Hellmut Becker 1959–1969. Frankfurt/M., S. 133–147.

**ADORNO,** Theodor W. (1974 [1962]): Philosophische Terminologie. Zur Einleitung. Band 2. Frankfurt/M.

**ADORNO,** Theodor W. (1997a [1966]): Erziehung nach Auschwitz. In: Kulturkritik und Gesellschaft II. Eingriffe, Stichworte. Gesammelte Schriften 10.2. Frankfurt/M., S. 674–690.

**ADORNO,** Theodor W. (1997b [1969]): Resignation. In: Kulturkritik und Gesellschaft II. Eingriffe, Stichworte. Gesammelte Schriften 10.2. Frankfurt/M., S. 794–799.

**ADORNO,** Theodor W. (1997c [1969]): Zu Subjekt und Objekt. In: Kulturkritik und Gesellschaft II. Eingriffe, Stichworte. Gesammelte Schriften 10.2. Frankfurt/M., S. 741–758.

**ADORNO,** Theodor W. (1997d [1959]): Theorie der Halbbildung. In: Soziologische Schriften I. Gesammelte Schriften 8. Frankfurt/M., S. 42–85.

**ADORNO,** Theodor W. (1997e [1955]): Zum Verhältnis von Soziologie und Psychologie. In: Soziologische Schriften I. Gesammelte Schriften 8. Frankfurt/M., S. 93–131.

**ADORNO,** Theodor W. (1997f [1970]): Ästhetische Theorie. Gesammelte Schriften 7. Frankfurt/M.

**ADORNO,** Theodor W. (2001 [1964/65]): Zur Lehre von der Geschichte und der Freiheit. Frankfurt/M.

**ADORNO,** Theodor W. (2003 [1968]): Einleitung in die Soziologie. Frankfurt/M.

**ADORNO,** Theodor W. (2010 [1958]): Einführung in die Dialektik. Nachgelassene Schriften. Berlin.

**ADORNO,** Theodor W. (Hg.) (1971): Erziehung zur Mündigkeit. Vorträge und Gespräche mit Hellmut Becker 1959–1969. Frankfurt/M.

**ADORNO,** Theodor W. (o. J. [1957/1958]): Vorlesung zur Einleitung in die Erkenntnistheorie (nicht-autorisierter Abdruck der Vorlesung von 1957/1958). Frankfurt/M.

**AHLHEIM,** Klaus (2005): Prävention von Rechtsextremismus. Fremdenfeindlichkeit und Antisemitismus. In: Sander, Wolfgang (Hg.): Handbuch politische Bildung. Schwalbach/Ts., S. 379–391.

**AHLHEIM,** Klaus (2009): Die Kirche im Dorf lassen. Ein nüchterner Blick auf den Beutelsbacher Konsens. In: Erwägen – Wissen – Ethik (EWE), 2/2009, S. 248–250.

**ANDRESEN,** Sabine/Heitmeyer, Wilhelm (Hg.) (2012): Zerstörerische Vorgänge. Missachtung und sexuelle Gewalt gegen Kinder und Jugendliche in Institutionen. Weinheim.

**AUTORENGRUPPE** Fachdidaktik (Hg.) (2011): Konzepte der politischen Bildung. Eine Streitschrift. Schwalbach/Ts.

**AUTORENGRUPPE FACHDIDAKTIK** (Hg.) (2016): Was ist gute politische Bildung? Leitfaden für den sozialwissenschaftlichen Unterricht. Schwalbach/Ts.

**BECKER-SCHMIDT,** Regina (2016 [1998]): Trennung, Verknüpfung, Vermittlung. Zum feministischen Umgang mit Dichotomien. In: dies. (Hg.): Pendelbewegungen – Annäherungen an eine feministische Gesellschafts- und Subjekttheorie. Aufsätze aus den Jahren 1991 bis 2015. Opladen, S. 119–157.

**BEHRMANN,** Günter/Grammes, Tilman/Reinhardt, Sibylle (2004): Politik. Kerncurriculum Sozialwissenschaften in der gymnasialen Oberstufe. In: Tenorth, Heinz-Elmar (Hg.): Kerncurriculum für die Oberstufe II – Biologie, Chemie, Physik, Geschichte, Politik. Weinheim, S. 322–406.

**BENJAMIN,** Jessica (1990): Die Fesseln der Liebe. Psychoanalyse, Feminismus und das Problem der Macht. Basel.

**BERNSTEIN,** Julia (2020): Antisemitismus an Schulen in Deutschland. Befunde – Analysen – Handlungsoptionen. Weinheim.

**BERNSTEIN,** Julia/Diddens, Florian (Hg.) (2022): Antisemitische Kontinuitäten in Bildern (Antisemitismus und Bildung; Bd. 5). Frankfurt/M.

**BERNSTEIN,** Julia/Grimm, Marc/Müller, Stefan (Hg.) (2022): Schule als Spiegel der Gesellschaft. Antisemitismen erkennen und handeln (Antisemitismus und Bildung; Bd. 2). Frankfurt/M.

**BESAND,** Anja (2020): Politische Bildung unter Druck. Zum Umgang mit Rechtspopulismus in der Institution Schule. In: APuZ – Aus Politik und Zeitgeschichte, Jg. 70, Nr. 14–15, S. 4–9.

**BREIDENSTEIN,** Georg (2006): Teilnahme am Unterricht. Ethnographische Studien zum Schülerjob. Wiesbaden.

**BRODKORB,** Matthias (2022): Demokratie der Lemminge. In: Cicero. Magazin für politische Kultur, 9/2022, S. 15–23.

**BUDRICH,** Edmund (2021): Wer ist antisemitisch? Meinungsfreiheit – unbegrenzt? In: Gesellschaft – Wirtschaft – Politik (GWP). Sozialwissenschaften für politische Bildung, 1/2021, S. 111–117.

**DECKER,** Oliver/Kiess, Johannes/Heller, Ayline/Brähler, Elmar (Hg.) (2022): Autoritäre Dynamiken in unsicheren Zeiten. Neue Herausforderungen – alte Reaktionen? Leipziger Autoritarismus Studie 2022. Gießen.

**DEMAUSE,** Lloyd (Hg.) (1977): Hört ihr die Kinder weinen. Eine psychogenetische Geschichte der Kindheit. Frankfurt/M.

**DETJEN,** Joachim (2016): Politische Erziehung als Wissenschaftsaufgabe. Das Verhältnis der Gründergeneration der deutschen Politikwissenschaft zur politischen Bildung. Baden-Baden.

**DETJEN,** Joachim/Sander, Wolfgang/Pohl, Kerstin (2001): Fachdidaktik kontrovers: Konstruktivismus und Politikdidaktik. Ein Chat-Interview mit Joachim Detjen und Wolfgang Sander (Moderation: Kerstin Pohl). In: Politische Bildung, 4/2001, S. 128–138.

**DETJEN,** Joachim/Massing, Peter/Richter, Dagmar/Weißeno, Georg (2012): Politikkompetenz – ein Modell. Wiesbaden.

**DEUTSCHE** Vereinigung für Politische Bildung (DVPB) (2000): Politisches Lernen, 1–2/2000, Jg. 18.

**DONEIT,** Madeline/Lösch, Bettina/Rodrian-Pfennig, Margit (Hg.) (2016): Geschlecht ist politisch. Geschlechterreflexive Perspektiven in der politischen Bildung. Opladen.

**DUNCKER,** Ludwig (1987): Erfahrung und Methode. Studien zur dialektischen Begründung einer Pädagogik der Schule. Langenau-Ulm.

**DUNCKER,** Ludwig (2021): Didaktische Reflexivität in Schule und Unterricht. Zum Bildungsanspruch des Lehrens und Lernens. München.

**EIS,** Andreas (2016): Vom Beutelsbacher Konsens zur ‚Frankfurter Erklärung: Für eine kritisch-emanzipatorische Politische Bildung'? In: Widmaier, Benedikt/Zorn, Peter (Hg.): Brauchen wir den Beutelsbacher Konsens? Eine Debatte der politischen Bildung. Bonn, S. 131–139.

**ENGARTNER,** Tim (2014): Pluralismus in der sozialwissenschaftlichen Bildung. Zur Relevanz eines politikdidaktischen Prinzips. Berlin.Engartner, Tim (2018): Ohne Angst gegen die AfD, in: DIE ZEIT, 23. September 2018. Online abrufbar unter: https://www.zeit.de/gesellschaft/schule/2018-09/hamburger-schulen-afd-aufruf-linke-lehrkraefte-denunzieren (letzter Abruf: 20.7.2023).

**FISCHER,** Christian (2020): Die Fallanalyse Feinberg. Entwurf und Diskussion einer Unterrichtsreihe zum Thema Antisemitismus. In: Gesellschaft – Wirtschaft – Politik (GWP). Sozialwissenschaften für politische Bildung, 3/2020, S. 383–393.

**FISCHER,** Kurt Gerhard (1970): Einführung in die Politische Bildung. Ein Studienbuch über den Diskussions- und Problemstand der politischen Bildung in der Gegenwart. Stuttgart.

**FISCHER,** Kurt Gerhard (1977): Über das Consensus-Problem in Politik und politischer Bildung heute. In: Schiele, Siegfried/Schneider, Herbert (Hg.): Das Konsensproblem in der politischen Bildung. Stuttgart, S. 37–55.

**FISCHER,** Kurt Gerhard (1980): Wie ist Theorienbildung für die Politische Didaktik möglich? In: ders. (Hg.): Zum aktuellen Stand der Theorie und Didaktik der Politischen Bildung. Stuttgart, S. 243–258.

**FISCHER,** Sebastian/Lange, Dirk (2022): Qualitative empirische Forschung zur politischen Bildung. In: Sander, Wolfgang/Pohl, Kerstin (Hg.): Handbuch politische Bildung. Frankfurt/M., S. 99–109.

**FRANKE,** Uwe/Pohl, Kerstin (2020): Politikdidaktik und Politikwissenschaft. In: Lauth, Hans-Joachim/Wagner, Christian (Hg.): Politikwissenschaft. Eine Einführung. Paderborn, S. 369–400.

**FREUD,** Anna (2012 [1936]): Das Ich und die Abwehrmechanismen. Frankfurt/M.

**GEMEINSAMES MINISTERIALBLATT** (GMBl) (2012): Richtlinien zur Anerkennung und Förderung von Veranstaltungen der politischen Bildung durch die Bundeszentrale für politische Bildung (BpB), Ausgabe 44 vom 12.10.2012, S. 810–814. Online abrufbar unter: https://www.bpb.de/system/files/dokument_pdf/GMBl_63_44_0809-0824_Berlin_2016.pdf?download=1 (letzter Abruf: 20.7.2023).

**GERHARD,** Ute (2012): Frauenbewegung und Feminismus. Eine Geschichte seit 1789. München.

**GESSNER,** Rebekka/Hoffmann, Kora/Lotz, Mathias/Wohnig, Alexander (2016): Brauchen wir den Beutelsbacher Konsens? Bericht über eine Fachtagung. In: Widmaier, Benedikt/Zorn, Peter (Hg.): Brauchen wir den Beutelsbacher Konsens? Eine Debatte der politischen Bildung. Bonn, S. 28–36.

**GÖKBUDAK,** Mahir/Hedtke, Reinhold/Hagedorn, Udo (2022): 5. Ranking Politische Bildung Politische Bildung im Bundesländervergleich. In: Working Papers Didaktik der Sozialwissenschaften, 13/2022. Online abrufbar unter: https://pub.uni-bielefeld.de/download/2967744/2967753/Ranking_Politische-Bildung_Nr_5_2022.pdf (letzter Abruf: 20.7.2023).

**GOLL,** Thomas (2018): Integrationsfach Gesellschaftslehre. Interview von Julia Hoffmann, Anna Stellberg und René Siegel. Online abrufbar unter: https://fachdidaktik.politik.uni-mainz.de/lehrprojekt-kontroversen-in-der-politikdidaktik/download/#Integrationsfach_Gesellschaftslehre (letzter Abruf: 20.7.2023).

**GPJE** (2004): Anforderungen an nationale Bildungsstandards für den Fachunterricht in der Politischen Bildung an Schulen. Ein Entwurf. Schwalbach/Ts.

**GPJE** (2018): Gemeinsame Stellungnahme von GPJE, DVPB und DVPW-Sektion zur AfD-Meldeplattform „Neutrale Schulen“. Online abrufbar unter: http://gpje.de/wp-content/uploads/2018/10/Stellungnahme_Meldeplattform_GPJE_DVPB_DVPW-Sektion_101813595.pdf (letzter Abruf: 15.3.2023).

**GRAMMES,** Tilman (1996): Unterrichtsanalyse – ein Defizit der Fachdidaktik. In: Schiele, Siegfried/Schneider, Herbert (Hg.): Reicht der Beutelsbacher Konsens? Schwalbach/Ts., S. 143–169.

**GRAMMES,** Tilman (2017): Inwiefern ist der Beutelsbacher Konsens Bestandteil der Theorie politischer Bildung? In: Frech, Siegfried/Richter, Dagmar (Hg.): Der Beutelsbacher Konsens. Bedeutung, Wirkung, Kontroversen. Schwalbach/Ts., S. 69–86.

**GRECO,** Sara Alfia/Lange, Dirk (Hg.) (2017): Emanzipation. Zum Konzept der Mündigkeit in der politischen Bildung. Schwalbach/Ts.

**GRIMM,** Marc/Müller, Stefan (Hg.) (2021): Bildung gegen Antisemitismus. Spannungsfelder der Aufklärung (Antisemitismus und Bildung; Bd. 1). Frankfurt/M.

**GROSS,** Raphael (2010): Anständig geblieben. Nationalsozialistische Moral. Frankfurt/M.

**HÄCKER,** Thomas H. (2019): Reflexive Professionalisierung. Anmerkungen zu dem ambitionierten Anspruch, die Reflexionskompetenz angehender Lehrkräfte umfassend zu fördern. In: Degeling, Maria/Franken, Nadine/Freund, Stefan/Greiten, Silvia/Neuhaus, Daniela/Schellenbach-Zell, Judith (Hg.): Herausforderung Kohärenz: Praxisphasen in der universitären Lehrerbildung. Bildungswissenschaftliche und fachdidaktische Perspektiven. Bad Heilbrunn, S. 81–94.

**HAFENEGER,** Benno (2013): Beschimpfen, bloßstellen, erniedrigen. Beschämung in der Pädagogik. Frankfurt/M.

**HAFENEGER,** Benno (2022): Außerschulische Jugendbildung. In: Bauer, Ullrich/Bittlingmayer, Uwe H./Scherr, Albert (Hg.): Handbuch Bildungs- und Erziehungssoziologie. Wiesbaden, S. 919–937.

**HAMMERMEISTER,** Juliane (2016): Macht- und Herrschaftsverhältnisse. Ein blinder Fleck des Beutelsbacher Konsenses. In: Widmaier, Benedikt/Zorn, Peter (Hg.): Brauchen wir den Beutelsbacher Konsens? Eine Debatte der politischen Bildung. Bonn, S. 171–178.

**HAUBL,** Rolf (2007): Gattungsschicksal Hass. In: Haubl, Rolf/Caysa, Volker (Hg.): Hass und Gewaltbereitschaft. Göttingen, S. 7–68.

**HEDTKE,** Reinholdt (2011): Das Interesse der Schüler – Abwehr entfremdeten Lernens bei Rolf Schmiederer. Interpretation und Kommentar. In: May, Michael/Schattschneider, Jessica (Hg.): Klassiker der Politikdidaktik neu gelesen. Originale und Kommentare. Schwalbach/Ts., S. 178–189.

**HEDTKE,** Reinholdt (2022): Fachwissenschaftliche Grundlagen politischer Bildung – Positionen und Kontroversen. In: Sander, Wolfgang/Pohl, Kerstin (Hg.): Handbuch politische Bildung. Frankfurt/M., S. 40–50.

**HEGEL,** Georg Wilhelm Friedrich (1970 [1808–1817]): Nürnberger und Heidelberger Schriften. Werke 4. Frankfurt/M.

**HEGEL,** Georg Wilhelm Friedrich (1970 [1813]): Wissenschaft der Logik II. Werke 6. Frankfurt/M.

**HEGEL,** Georg Wilhelm Friedrich (1970 [1830]): Enzyklopädie der philosophischen Wissenschaften im Grundrisse. Erster Teil. Werke 8. Frankfurt/M.

**HELSPER,** Werner (1996): Antinomien des Lehrerhandelns in modernisierten pädagogischen Kulturen. Paradoxe Verwendungsweisen von Autonomie und Selbstverantwortlichkeit. In: Combe, Arno/Helsper, Werner (Hg.): Pädagogische Professionalität. Untersuchungen zum Typus pädagogischen Handelns. Frankfurt/M., S. 521–569.

**HELSPER,** Werner (2004): Antinomien, Widersprüche, Paradoxien: Lehrerarbeit – ein unmögliches Geschäft? Eine strukturtheoretisch-rekonstruktive Perspektive auf das Lehrerhandeln. In: Koch-Priewe, Barbara/Kolbe, Fritz-Ulrich/Wildt, Johannes (Hg.): Grundlagenforschung und mikrodidaktische Reformansätze zur Lehrerbildung. Bad Heilbrunn, S. 49–99.

**HENKENBORG,** Peter (2009): Prinzip Kontroversität – Streitkultur und politische Bildung. Zwischen Anspruch und Wirklichkeit: Das schwierige Prinzip der Kontroversität. In: kursiv. Journal für politische Bildung, 3/2009, S. 26–38.

**HÖFFE,** Otfried (1979): Zur Theorie des Glücks im klassischen Utilitarismus. In: ders. (Hg.): Ethik und Politik. Grundmodelle und -probleme der praktischen Philosophie. Frankfurt/M., S. 120–159.

**HOLLAND-CUNZ,** Barbara (2003): Die alte neue Frauenfrage. Frankfurt/M.

**HORKHEIMER,** Max (2007 [1967]): Zur Kritik der instrumentellen Vernunft. Gesammelte Schriften. Band 6. Frankfurt/M.

**HORKHEIMER,** Max/Adorno, Theodor W. (2003 [1947]): Dialektik der Aufklärung. Philosophische Fragmente. Frankfurt/M.

**JEHLE,** May (2022): Politische Bildung und Erziehung im Unterricht. Kontrastive Fallstudien anhand von Videoaufzeichnungen politischen Fachunterrichts in Ost-, West- und Gesamtberlin von 1978 bis 1993. Bad Heilbrunn. Online abrufbar unter: https://elibrary.utb.de/doi/book/10.35468/9783781559899 (letzter Abruf: 20.7.2023).

**KANT,** Immanuel (1956 [1803]): Über Pädagogik. In: ders. (Hg.): Schriften zur Anthropologie, Geschichtsphilosophie, Politik und Pädagogik. Werke in 6 Bänden. Herausgegeben von Wilhelm Weischedel. Darmstadt, S. 691–764.

**KIRCHHOFF,** Christine (2016): Unterschied mit Folgen. Die Konstitution von Identität und Differenz in der freudschen Psychoanalyse. In: Müller, Stefan/Mende, Janne (Hg.): Differenz und Identität. Konstellationen der Kritik (Gesellschaftsforschung und Kritik; Bd. 5). Weinheim, S. 79–90.

**KNAPP,** Gudrun-Axeli (2011): Gleichheit, Differenz, Dekonstruktion und Intersektionalität: Vom Nutzen theoretischer Ansätze der Frauen- und Geschlechterforschung für die gleichstellungspolitische Praxis. In: Krell, Gertraude/Ortlieb, Renate/Sieben, Barbara (Hg.): Chancengleichheit durch Personalpolitik. Gleichstellung von Frauen und Männern in Unternehmen und Verwaltungen. Wiesbaden, S. 71–82.

**KOERRENZ,** Ralf (2022): Bildung. Eine Theorie der Postmoderne. Weinheim.

**KOHLHAAS,** Rainer (2018): Integrationsfach Gesellschaftslehre. Interview von Julia Hoffmann, Anna Stellberg und René Siegel. Online abrufbar unter: https://fachdidaktik.politik.uni-mainz.de/lehrprojekt-kontroversen-in-der-politikdidaktik/download/#Integrationsfach_Gesellschaftslehre (letzter Abruf: 20.7.2023).

**KUMAR,** Vicoria/Dreier, Werner/Gautschi, Peter/Riedweg, Nicole/Sauer, Linda/Sigel, Robert (Hg.): Antisemitismen – Sondierungen im Bildungsbereich (Antisemitismus und Bildung; Bd. 3). Frankfurt/M.

**LADENTHIN,** Volker (2017): Mach's gut? Mach's besser! Eine kleine Ethik für den Alltag. Würzburg.

**LÖSCH,** Bettina (2016): Warum diese Angst vor dem politischen Dissens? Zur Demokratisierung gehören der Streit um Alternativen und die Kritik am Bestehenden. In: Widmaier, Benedikt/Zorn, Peter (Hg.): Brauchen wir den Beutelsbacher Konsens? Eine Debatte der politischen Bildung. Bonn, S. 224–232.

**LUHMANN,** Niklas (2001): Die Paradoxie der Form. In: ders. (Hg.): Aufsätze und Reden. Herausgegeben von Oliver Jahraus. Stuttgart, S. 243–261.

**MARX,** Karl/Engels, Friedrich (MEW 29): Marx an Ferdinand Lassalle, 22. Februar 1858. In: Werke, Band 29. Berlin-Ost, S. 549–552.

**MAY,** Michael (2021): Haltung ist keine didaktische Strategie! Zu einem Missverständnis im Kontext der Demokratiebildung. In: Gesellschaft – Wirtschaft – Politik (GWP). Sozialwissenschaften für politische Bildung, 1/2021, S. 17–21.

**MENDE,** Janne (2013): Der Doppelcharakter von Kritik. Zur Konstellation immanenter und transzendenter Kritik. In: Müller, Stefan (Hg.): Jenseits der Dichotomie. Elemente einer sozialwissenschaftlichen Theorie des Widerspruchs. Wiesbaden, S. 157–179.

**MENDE,** Janne (2021): Der Universalismus der Menschenrechte. München.

**MENDE,** Janne/Müller, Stefan (2009): Einleitung: Politische Bildung und Emanzipation. In: dies. (Hg.): Emanzipation in der politischen Bildung. Theorien – Konzepte – Möglichkeiten. Schwalbach/Ts., S. 5–17.

**MENDE,** Janne/Müller, Stefan (2020): Einfach komplex? Die Übersetzung politikwissenschaftlicher Komplexität in die Gesellschaft. In: Zeitschrift für Politikwissenschaft, 3/2020, S. 379–399. Online abrufbar unter: https://link.springer.com/article/10.1007/s41358-020-00229-0 (letzter Abruf: 20.7.2023).

**MENKE,** Christoph (2016): Vom Glücken der Freiheit. Ein Gespräch über Kritik und Versöhnung. Christoph Menke im Gespräch mit Janne Mende und Stefan Müller. In: Müller, Stefan/Mende, Janne (Hg.): Differenz und Identität. Konstellationen der Kritik (Gesellschaftsforschung und Kritik; Bd. 5). Weinheim, S. 29–63.

**MÜLLER,** Stefan (Hg.) (2009): Probleme der Dialektik heute. Wiesbaden.

**MÜLLER,** Stefan (2011): Logik, Widerspruch und Vermittlung. Aspekte der Dialektik in den Sozialwissenschaften. Wiesbaden.

**MÜLLER,** Stefan (Hg.) (2013): Jenseits der Dichotomie. Elemente einer sozialwissenschaftlichen Theorie des Widerspruchs. Wiesbaden.

**MÜLLER,** Stefan (2016): Multiperspektivität und Reflexivität als Bezugspunkte politischer Bildung. In: Zeitschrift für Didaktik der Gesellschaftswissenschaften, 2/2016, S. 108–118.

**MÜLLER,** Stefan (2018a): Populismus und Pluralismus. Normative Herausforderungen in der politischen Bildung. In: Möllers, Laura/Manzel, Sabine (Hg.): Populismus und Politische Bildung. Frankfurt/M., S. 87–92.

**MÜLLER,** Stefan (2018b): Reflexivität als Bezugsproblem der Lehrerbildung. In: Böhme, Jeanette/Cramer, Colin/Bressler, Christoph (Hg.): Erziehungswissenschaft und Lehrerbildung im Widerstreit? Verhältnisbestimmungen, Herausforderungen und Perspektiven. Bad Heilbrunn: S. 173–185. Online abrufbar unter: https://www.researchgate.net/publication/351775682_Reflexivitat_als_Bezugsproblem_der_Lehrerbildung_in_Jeanette_BohmeColin_CramerChristoph_Bressler_Hg_Erziehungswissenschaft_und_Lehrerbildung_im_Widerstreit_Verhaltnisbestimmungen_Herausforderungen_und (letzter Abruf: 20.7.2023).

**MÜLLER,** Stefan (2020a): Beyond a Binary Approach. Contradictions and Strict Antinomies. In: Lossau, Julia/Warnke, Ingo H./Schmidt-Brücken, Daniel (Hg.): Spaces of Dissension: Towards a new Perspective on Contradiction. Wiesbaden, S. 151–168.

**MÜLLER,** Stefan (2020b): Das Versprechen vom Bessermachen. Reflexion und Kritik im Kontext institutioneller Bildung. In: Inter- und transdisziplinäre Bildung (itdb), 2/2020, S. 6–15. Online abrufbar unter: https://zenodo.org/record/3734998 (letzter Abruf: 20.7.2023).

**MÜLLER,** Stefan (2021a): Reflexivität in der politischen Bildung. Untersuchungen zur sozialwissenschaftlichen Fachdidaktik. Frankfurt/M.

**MÜLLER,** Stefan (2021b): Perspektivenvielfalt und Normativität als Antwortmöglichkeiten auf demokratische Herausforderungen? In: Deichmann, Carl/Partetzke, Marc (Hg.): Demokratie im Stresstest. Reaktionen von Politikdidaktik und politischer Bildung. Wiesbaden, S. 103–121.

**MÜLLER,** Stefan (2021c): Grenzen der Aufklärung? Antisemitismusprävention unter institutionellen Bedingungen. In: Blättel-Mink, Birgit (Hg.): Gesellschaft unter Spannung. Verhandlungen des 40. Kongresses der Deutschen Gesellschaft für Soziologie. Online abrufbar unter: https://publikationen.soziologie.de/index.php/kongressband_2020/article/view/1349/1615 (letzter Abruf: 20.7.2023).

**MÜLLER,** Stefan (2022a): Kontroversität. In: Sander, Wolfgang/Pohl, Kerstin (Hg.): Handbuch politische Bildung. Frankfurt/M., S. 231–239.

**MÜLLER,** Stefan (2022b): Sozialwissenschaftliche Theorien und ihre Perspektiven. Wissenschaftstheoretische Grundlagen in der politischen Bildung. In: Firsova, Elizaveta/Grieger, Marcel/Ivens, Sven/Klingler, Philipp/Vajen, Bastian (Hg.): Methoden der politikdidaktischen Theoriebildung und empirischen Forschung. Frankfurt/M., S. 27–41.

**MÜLLER,** Stefan (2022c): Verständnisse und Missverständnisse des Kritik-Begriffs. Reflexive Kritik als Modus einer mündigkeitsorientierten politischen Bildung. In: Magazin erwachsenenbildung.at., 46/2022, S. 73–80. Online abrufbar unter: https://erwachsenenbildung.at/magazin/22-46/09-verstaendnisse-und-missverstaendnisse-des-kritik-begriffs-mueller.pdf (letzter Abruf: 20.7.2023).

**MÜLLER,** Stefan (2022d): Didaktische Herausforderungen einer politischen Bildung gegen Antisemitismen. In: Grimm, Marc/Müller, Saskia/Rethmann, Anne/Baier, Jakob/Bauer, Ullrich (Hg.): Wissenschaftliche Einordnung und Ausarbeitung eines Rahmenkonzeptes für das ZADA Pilotprojekt. Bundesministerium für Familie, Senioren, Frauen und Jugend im Rahmen des Bundesprogramms „Demokratie leben!“, S. 90–105. Online abrufbar unter: https://zada-germany.com/wp-content/uploads/2022/03/WEAR_ZADA-2022.pdf (letzter Abruf: 20.7.2023).

**MÜLLER,** Stefan (2022e): Strategien gegen Antisemitismen: Grenzziehende und anerkennende Bildung. In: Bernstein, Julia/Grimm, Marc/Müller, Stefan (Hg.): Schule als Spiegel der Gesellschaft. Antisemitismen erkennen und handeln (Antisemitismus und Bildung; Bd 2). Frankfurt/M., S. 484–503.

**MÜLLER,** Stefan (2023): Die Wiederentdeckung der Dialektik in der politischen Bildung. In: Zeitschrift für Didaktik der Gesellschaftswissenschaften, 1/2023, S. 58–75.

**MÜLLER,** Stefan/Keller, Reiner (2020): Politische Bildung mit soziologischem Blick: Gesellschaft verstehen und gestalten. In: Journal für Politische Bildung, 1/2020, S. 10–15.

**MÜLLER,** Stefan/Mende, Janne (2016): Weder getrennt noch eins. Identität, Differenz und die Frage der Freiheit. In: dies. (Hg.): Differenz und Identität. Konstellationen der Kritik (Gesellschaftsforschung und Kritik; Bd. 5). Weinheim, S. 7–28.

**MÜLLER,** Stefan/Scaramuzza, Elia (2022): Normativität, Subjektorientierung und Emanzipation. Rolf Schmiederers Beiträge zu einer mündigkeitsorientierten politischen Bildung. In: Zeitschrift für Didaktik der Gesellschaftswissenschaften, 1/2022, S. 97–116.

**MÜLLER,** Stefan/Scaramuzza, Elia (2023): Mündigkeit im digitalen Raum – alles neu und alles anders? Herausforderungen geschlechterreflexiver Bildung. In: Busch, Matthias/Keuler, Charlotte (Hg.): Politische Bildung und Digitalität. Frankfurt/M., S. 59–70.

**NONNENMACHER,** Frank (2010): Analyse, Kritik und Engagement – Möglichkeiten und Grenzen schulischen Politikunterrichts. In: Lösch, Bettina/Thimmel, Andreas (Hg.): Kritische Politische Bildung, Schwalbach/Ts., S. 459–470.

**OBERLE,** Monika (2019): Wie politisch darf eine Lehrkraft sein? Demokratiebildung als Schulauftrag. In: Newsletter der Qualitätsoffensive Lehrerbildung, BMBF. Online abrufbar unter: https://www.qualitaetsoffensive-lehrerbildung.de/lehrerbildung/de/newsletter/_documents/wie-politisch-darf-eine-lehrkraft-sein.html (letzter Abruf: 20.7.2023).

**OBERLE,** Monika/Ivens, Sven/Leunig, Johanna (2018): Grenzenlose Toleranz? Lehrervorstellungen zum Beutelsbacher Konsens und dem Umgang mit Extremismus im Unterricht. In: Möllers, Laura/Manzel, Sabine (Hg.): Populismus und Politische Bildung. Frankfurt/M., S. 53–61.

**OELKERS,** Jürgen (2016): Pädagogik, Elite, Missbrauch. Die ‚Karriere' des Gerold Becker. Weinheim.

**POHL,** Kerstin (2014): Gesellschaftstheorie in der Politikdidaktik. Die Theorierezeption bei Hermann Giesecke. 2. korrigierte Auflage. Schwalbach/Ts.

**POHL,** Kerstin (Hg.) (2016): Positionen der politischen Bildung 2. Interviews zur Politikdidaktik. Schwalbach/Ts.

**POHL,** Kerstin (2018): Politische Bildung aus gesellschaftstheoretischer Perspektive. Oder: Freiheit statt Gesellschaftstheorie? Braucht die politische Bildung eine gesellschaftstheoretische Begründung? In: Besand, Anja/Gessner, Susann (Hg.): Politische Bildung mit klarem Blick. Festschrift für Wolfgang Sander. Frankfurt/M., S. 68–83.

**POHL,** Kerstin (2020): Sozialwissenschaftliche Bildung oder Politik als Kern? In: bpb. Dossier Politische Bildung. Online abrufbar unter: https://www.bpb.de/lernen/politische-bildung/304314/sozialwissenschaftliche-bildung-oder-politik-als-kern/ (letzter Abruf: 20.7.2023).

**POHL,** Kerstin (2022): Populismus als Herausforderung – Antworten des Unterrichtsfaches Politische Bildung. In: Pohl, Kerstin/Höffer-Mehlmer, Markus (Hg.): Brennpunkt Populismus. 15 Antworten aus Fachdidaktik und Bildungswissenschaft. Frankfurt/M., S. 73–90.

**POHL,** Kerstin/Will, Stefanie (2016): Der Beutelsbacher Konsens: Wendepunkt in der Politikdidaktik? In: Widmaier, Benedikt/Zorn, Peter (Hg.): Brauchen wir den Beutelsbacher Konsens? Eine Debatte der politischen Bildung. Bonn, S. 39–67.

**REINHARDT,** Sibylle (2019): Jagd auf Lehrer statt Beutelsbacher Konsens. Kommentar zum Portal „Neutrale Schulen" der AfD in Hamburg. In: Gesellschaft – Wirtschaft – Politik (GWP). Sozialwissenschaften für politische Bildung, 1/2019, S. 13–19.

**REINHARDT,** Sibylle (2020a): Neutralitätsgebot: ein Fehlverständnis für die politische Bildung. In: Polis, 1/2020, S. 14–15.

**REINHARDT,** Sibylle (2020b): Politische Bildung für die Demokratie. In: Gesellschaft – Wirtschaft – Politik (GWP). Sozialwissenschaften für politische Bildung, 2/2020, S. 203–214.

**REINTJES,** Christian/Kunze, Ingrid (Hg.) (2022): Reflexion und Reflexivität in Unterricht, Schule und Lehrer:innenbildung. Bad Heilbrunn.

**RITSERT,** Jürgen (1998): Was ist wissenschaftliche Objektivität? In: Leviathan – Zeitschrift für Sozialwissenschaft, 2/1998, S. 184–198.

**RITSERT,** Jürgen (2008): Dialektische Argumentationsfiguren in Philosophie und Soziologie. Hegels Logik und die Sozialwissenschaften. Münster.

**RITSERT,** Jürgen (2009): Der Mythos der nicht-normativen Kritik. Oder: Wie misst man die herrschenden Verhältnisse an ihrem Begriff? In: Müller, Stefan (Hg.): Probleme der Dialektik heute. Wiesbaden, S. 161–176.

**RITSERT,** Jürgen (2017a): Summa Dialectica. Ein Lehrbuch zur Dialektik (Gesellschaftsforschung und Kritik; Bd. 6). Weinheim.

**RITSERT,** Jürgen (2017b): Zur Philosophie des Gesellschaftsbegriffs. Studien über eine undurchsichtige Kategorie. Mit einem Vorwort von Stefan Müller und Albert Scherr (Gesellschaftsforschung und Kritik; Bd. 8). Weinheim.

**RODRIAN-PFENNIG,** Margit (2010): Dekonstruktion und radikale Demokratie. Elemente einer anderen politischen Bildung. In: Lösch, Bettina/Thimmel, Andreas (Hg.): Kritische politische Bildung. Ein Handbuch. Schwalbach/Ts., S. 157–168.

**RUTSCHKY,** Katharina (1984): Schwarze Pädagogik. Quellen zur Naturgeschichte der bürgerlichen Erziehung. Frankfurt/M. u.a.

**SANDER,** Wolfgang (2009): Bildung und Perspektivität. Kontroversität und Indoktrinationsverbot als Grundsätze von Bildung und Wissenschaft. In: Erwägen – Wissen – Ethik (EWE), 2/2009, S. 239–248.

**SANDER,** Wolfgang (2013a): ‚Kritische politische Bildung‘ – eine Dekonstruktion. In: Widmaier, Benedikt/Overwien, Bernd (Hg.): Was heißt heute kritische politische Bildung? Schwalbach/Ts., S. 240–248.

**SANDER,** Wolfgang (2013b): Politik entdecken – Freiheit leben. Didaktische Grundlagen politischer Bildung. Schwalbach/Ts.

**SANDER,** Wolfgang (2016): „Entscheidend ist aber der Perspektivenwechsel von der ‚Unterrichtsplanung‘ zur ‚Gestaltung von Lernumgebungen‘“. In: Pohl, Kerstin (Hg.): Positionen der politischen Bildung 1. Interviews zur Politikdidaktik. 2. Auflage. Schwalbach/Ts., S. 228–245.

**SANDER,** Wolfgang (2017): Der Beutelsbacher Konsens zwischen Theorie und Praxis der politischen Bildung. In: Frech, Siegfried/Richter, Dagmar (Hg.): Der Beutelsbacher Konsens. Bedeutung, Wirkung, Kontroversen. Schwalbach/Ts., S. 57–68.

**SANDER,** Wolfgang (2019): Zurück zur Bildung? Die gesellschaftswissenschaftlichen Fächer nach der Kompetenzorientierung. In: Zeitschrift für Didaktik der Gesellschaftswissenschaften, 2/2019, S. 93–111.

**SANDER,** Wolfgang (2021): Identität statt Diskurs? Diskursivität in der politischen Bildung und ihre Gefährdungen. In: Pädagogische Rundschau, 3/2021, S. 293–306.

**SANDER,** Wolfgang (2022a): Geschichte der politischen Bildung. In: Sander, Wolfgang/Pohl, Kerstin (Hg.): Handbuch politische Bildung. Frankfurt/M., S. 13–29.

**SANDER,** Wolfgang (2022b): Eine „Zeitenwende" auch im Unterricht? Der Ukraine-Krieg und die gesellschaftswissenschaftlichen Fächer. In: Zeitschrift für Didaktik der Gesellschaftswissenschaften, 2/2022, S. 129–142.

**SCARAMUZZA,** Elia (2018): Kritik und Normativität in der (Kritischen) Politischen Bildung. In: Zeitschrift für Didaktik der Gesellschaftswissenschaften, 1/2018, S. 80–95.

**SCARAMUZZA,** Elia (2019): Die Vermitteltheit von Gesellschafts- und Bildungstheorie oder: Zur Dialektik Politischer Bildung. In: Lotz, Mathias/Pohl, Kerstin (Hg.): Gesellschaft im Wandel – Neue Herausforderungen für die politische Bildung und ihre Didaktik. Frankfurt/M., S. 45–52.

**SCARAMUZZA,** Elia (2020): Bildung als Vermittlung: Subjekt, Objekt und Bildungsprozesse. In: Inter- und transdisziplinäre Bildung (itdb), 2/2020, S. 79–81. Online abrufbar unter: https://zenodo.org/record/3734998 (letzter Abruf: 20.7.2023).

**SCARAMUZZA,** Elia (2021): Geschlechterreflexive politische Bildung: Stand und Perspektiven. In: Bonfig, Anja/Scaramuzza, Elia (Hg.): Heterogenität in der politischen Bildung. Frankfurt/M., S. 43–58.

**SCARAMUZZA,** Elia (2022): Rechtspopulistischer Antifeminismus als Herausforderung: Grenzen und Möglichkeiten einer geschlechterreflexiven politischen Bildung. In: Pohl, Kerstin/Höffer-Mehlmer, Markus (Hg.): Brennpunkt Populismus. 15 Antworten aus Fachdidaktik und Bildungswissenschaft. Frankfurt/M., S. 91–104.

**SCARAMUZZA,** Elia (2023): Superdiverse Gesellschaft, superdiverse Geschlechter?! Zum reflexiven Umgang mit Geschlechterdiversität in der politischen Bildung. In: Oberle, Monika/Stamer, Märthe-Maria (Hg.): Politische Bildung in der superdiversen Gesellschaft. Frankfurt/M., S. 44–52.

**SCHERR,** Albert (2012): Diskriminierung. Freiburg.

**SCHERR,** Albert (2021): Rassismuskritik als Identitätspolitik? Anfragen an ein allzu einfaches Weltbild und seine Kritik. In: Sozial Extra, 5/2021, S. 354–360.

**SCHERR,** Albert/Schäuble, Barbara (2006): „Ich habe nichts gegen Juden, aber ...". Ausgangsbedingungen und Ansatzpunkte gesellschaftspolitischer Bildungsarbeit zur Auseinandersetzung mit Antisemitismen. Langfassung Abschlussbericht. Berlin. Online abrufbar unter: https://www.amadeu-antonio-stiftung.de/w/files/pdfs/ich_habe_nichts_2.pdf (letzter Abruf: 20.7.2023).

**SCHMIEDERER,** Rolf (1971): Zur Kritik der Politischen Bildung. Ein Beitrag zur Soziologie und Didaktik des Politischen Unterrichts. Frankfurt/M.

**SCHMIEDERER,** Rolf (1977): Politische Bildung im Interesse der Schüler. Hannover.

**SCHMITT,** Sophie (2020): Leitlinien für die politische Bildung in der Auseinandersetzung mit dem aktuellen Rechtsruck. In: Polis, 1/2020, S. 21–23.

**SCHNEIDER,** Christian/Stillke, Cordelia/Leineweber, Bernd (1996): Das Erbe der Napola: Versuch einer Generationengeschichte des Nationalsozialismus. Hamburg.

**SCHUBERT,** Kai (2021): Israelbezogener Antisemitismus – eine Herausforderung für die Bildungsarbeit. In: Grimm, Marc/Müller, Stefan (Hg.): Bildung gegen Antisemitismus. Spannungsfelder der Aufklärung (Antisemitismus und Bildung; Bd. 1). Frankfurt/M., S. 151–166.

**SCHWARZ-FRIESEL,** Monika (2020): Judenhass im Internet. Antisemitismus als kulturelle Konstante und kollektives Gefühl. Bonn.

**SCHWARZ-FRIESEL,** Monika (2022): Antisemitismus 2.0 – die kulturelle Konstante Judenhass und ihre Kontinuität im Internet. In: Bernstein, Julia/Grimm, Marc/Müller, Stefan (Hg.): Schule als Spiegel der Gesellschaft. Antisemitismen erkennen und handeln (Antisemitismus und Bildung; Bd. 2). Frankfurt/M., S. 147–170.

**STEINERT,** Heinz (1998): Genau hinsehen, geduldig nachdenken und sich nicht dumm machen lassen. In: ders. (Hg.): Zur Kritik der empirischen Sozialforschung. Ein Methodengrundkurs (Studientexte zur Sozialwissenschaft; Bd. 14). Frankfurt/M., S. 67–79.

**STRÜBING,** Jörg (2023): Für das Leben lernen? Warum fehlt dann die Soziologie in der Schule? In: Soziologie. Forum der deutschen Gesellschaft für Soziologie, 1/2023, S. 26–35.

**THEWELEIT,** Klaus (1977a): Männerphantasien. Band 1: Frauen, Fluten, Körper, Geschichte. Frankfurt/M.

**THEWELEIT,** Klaus (1977b): Männerphantasien. Band 2: Männerkörper. Zur Psychoanalyse des weißen Terrors. Frankfurt/M.

**THOLE,** Werner/Baader, Meike/Helsper, Werner/Kappeler, Manfred/Leuzinger-Bohleber, Marianne/Reh, Sabine/Sielert, Uwe/Thompson, Christiane (2012): Sexualisierte Gewalt, Macht und Pädagogik. Opladen.

**UNABHÄNGIGER EXPERTENKREIS ANTISEMITISMUS** (2017): Antisemitismus in Deutschland – aktuelle Entwicklungen. Zweiter Bericht des unabhängigen Expertenkreises Antisemitismus. Online abrufbar unter: https://www.bmi.bund.de/SharedDocs/downloads/DE/publikationen/themen/heimat-integration/expertenkreis-antisemitismus/expertenbericht-antisemitismus-in-deutschland.html (letzter Abruf: 20.7.2023).

**WALDMANN,** Klaus (2020): Die Entwicklung der Landschaft der außerschulischen politischen Jugendbildung in Deutschland seit 1990. Eine Expertise für das Deutsche Jugendinstitut. München. Online abrufbar unter: https://www.dji.de/fileadmin/user_upload/bibs2021/KJB_Waldmann_Exp16KJB_03032021_final.pdf (letzter Abruf: 20.7.2023).

**WEHLING,** Hans-Georg (1977): Konsens à la Beutelsbach? Nachlese zu einem Expertengespräch. In: Schiele, Siegfried/Schneider, Herbert (Hg.): Das Konsensproblem in der politischen Bildung. Stuttgart, S. 173–184.

**WEISSENO,** Georg (2017): Zur Historisierung des Beutelsbacher Konsenses. In: Frech, Siegfried/Richter, Dagmar (Hg.): Der Beutelsbacher Konsens. Bedeutung, Wirkung, Kontroversen. Schwalbach/Ts., S. 35–56.

**WEISSENO,** Georg (2019): Guter Politikunterricht – eine Zusammenschau empirischer Ergebnisse. In: Pohl, Kerstin/Lotz, Mathias (Hg.): Gesellschaft im Wandel – Neue Aufgaben für die politische Bildung und ihre Didaktik. Frankfurt/M., S. 187–195.

**WEISSENO,** Georg (2022): Quantitative empirische Forschung zur politischen Bildung. In: Sander, Wolfgang/Pohl, Kerstin (Hg.): Handbuch politische Bildung. Frankfurt/M., S. 110–121.

**WEISSENO,** Georg/Detjen, Joachim/Juchler, Ingo/Massing, Peter/Richter, Dagmar (2010): Konzepte der Politik. Ein Kompetenzmodell. Bonn.

**WIDMAIER,** Benedikt (2016): Eine Marke für alle? Der Beutelsbacher Konsens in der non-formalen politischen Bildung. In: Widmaier, Benedikt/Zorn, Peter (Hg.) (2016): Brauchen wir den Beutelsbacher Konsens? Eine Debatte der politischen Bildung. Bonn, S. 96–111.

**WIDMAIER,** Benedikt/Zorn, Peter (Hg.) (2016): Brauchen wir den Beutelsbacher Konsens? Eine Debatte der politischen Bildung. Bonn.

**WOHNIG,** Alexander (2021): Ungleichheit und politische Bildung. Das Schaffen von Gelegenheiten zu politischer Partizipation als Perspektive politischer Bildungsarbeit. In: heiEDUCATION, 7/2021, S. 73–95.

**WOLF,** Christoph (2021): Wie Politiklehrkräfte Antisemitismus denken. Vorstellungen, Erfahrungen, Praxen. Wiesbaden.

**ZICK,** Andreas/Küpper, Beate (Hg.) (2021): Die geforderte Mitte. Rechtsextreme und demokratiegefährdende Einstellungen in Deutschland 2020/21. Bonn.

**ZURSTRASSEN,** Bettina (Hg.) (2011): Was passiert im Klassenzimmer? Methoden zur Evaluation, Diagnostik und Erforschung des sozialwissenschaftlichen Unterrichts. Schwalbach/Ts.

**ZURSTRASSEN,** Bettina (2017): Soziologische Aufklärung als Bildungsauftrag in der Schule. In: Schader-Stiftung (Hg.): Dokumentation Workshop: Soziologie in der Schule? 9. Juni 2017. Darmstadt, S. 9–12. Online abrufbar unter: https://www.schader-stiftung.de/fileadmin/content/Soziologie_in_der_Schule_-_Dokumentation.pdf (letzter Abruf: 20.7.2023).

# Standardwerk

Wolfgang Sander,
Kerstin Pohl (Hg.)

## Handbuch politische Bildung

In über sechzig Beiträgen präsentieren renommierte Fachleute in diesem Handbuch alle relevanten Grundlagen der politischen Bildung: fachliche Kontroversen, didaktische Prinzipien, inhaltsbezogene Aufgabenfelder, Akteurinnen und Akteure, Medien und Methoden. Das Handbuch bietet einen fundierten Überblick zum Stand der wissenschaftlichen Fachdiskussion, neue Anregungen für die pädagogische Arbeit und kompakte Informationen zu allen Bereichen der politischen Bildung. Das für die 5. Auflage komplett überarbeitete Handbuch ist *das* Standardwerk zur politischen Bildung.

ISBN 978-3-7344-1362-9
640 S., € 49,90
Hardcover: ISBN 978-3-7344-1380-3
€ 64,80
PDF: ISBN 978-3-7344-1363-6
€ 48,99

**Mit Beiträgen von:**

Sabine Achour • Anja Besand • Matthias Busch • Paul Ciupke • Carl Deichmann • Joachim Detjen • Andreas Eis • Tim Engartner • Sebastian Fischer • Andreas Füchter • Susann Gessner • Muhammed Giraz • Markus Gloe • Michael Görtler • Thomas Goll • Hans-Georg Golz • Tilman Grammes • Benno Hafeneger • Katrin Hahn-Laudenberg • Dennis Hauk • Reinhold Hedtke • Inken Heldt • Thomas Hellmuth • Klaus-Peter Hufer • Ingo Juchler • Kerry J. Kennedy • Tetyana Kloubert • Andreas Kost • Christoph Kühberger • Hans-Werner Kuhn • Dirk Lange • Peter Levine • Peter Massing • Michael May • Stefan Müller • Norbert Neuß • Mirko Niehoff • Monika Oberle • Heinrich Oberreuter • Bernd Overwien • Annette Petri • Andreas Petrik • Kerstin Pohl • Stefan Rappenglück • Sibylle Reinhardt • Wolfgang Sander • Armin Scherb • Annette Scheunpflug • Sophie Schmitt • Helmar Schöne • Marc Schoentgen • Lothar Scholz • Hannes Strelow • Monika Waldis • Georg Weißeno • Alexander Wohnig • Béatrice Ziegler • Bettina Zurstrassen

www.wochenschau-verlag.de X www.twitter.com/Wochenschau_Ver  www.instagram.com/wochenschau_verlag

# Politikunterricht

Autorengruppe Fachdidaktik

## Was ist gute politische Bildung

### Leitfaden für den sozialwissenschaftlichen Unterricht

Wie sieht guter Politikunterricht aus? Wer kann was wie verbessern?

Dieser Band gibt ganz konkrete Antworten auf diese Kernfragen modernen politischen Unterrichts. Die beteiligten Autorinnen und Autoren lesen sich dabei wie ein Who's who der gegenwärtigen Politikdidaktik in Deutschland: Anja Besand, Tilman Grammes, Reinhold Hedtke, Peter Henkenborg, Dirk Lange, Andreas Petrik, Sibylle Reinhardt und Wolfgang Sander.

Anhand von Leitfragen nach dem Warum und Wozu, dem Wer, dem Was, dem Wie, dem Womit, Wohin und Wo zeigen sie auf, wie eine bessere politische Bildung möglich wird. Alle Kapitel folgen einem einheitlichen und transparenten Schema: Was ist das Problem? Welches sind die relevanten Kontroversen? Was ist das didaktische Minimum? Es folgen je ein Beispiel und eine Zusammenfassung sowie Literaturtipps zum Weiterlesen.

ISBN 978-3-7344-0165-7, 240 S., € 22,80
EPUB: ISBN 978-3-7344-0270-8, € 17,99
PDF: ISBN 978-3-7344-0166-4, € 17,99

Hier lesen Sie neue Antworten auf alte Fragen und manchmal auch alte Antworten auf neue Fragen – in jedem Fall jedoch, wie Sie Ihren Politikunterricht ganz konkret verbessern können!

www.wochenschau-verlag.de www.twitter.com/Wochenschau_Ver www.instagram.com/wochenschau_verlag

Einführung

Michael May, Marc Partetzke

## Einführung in die Politikdidaktik

Bd. 1: Geschichte, Essentials, Forschungs- und Entwicklungsfelder

Die Politikdidaktik als Wissenschaft vom Lehren und Lernen der Politik hat sich in den letzten Jahrzehnten als Wissenschaft etabliert und ausdifferenziert. Dieser neue Band führt leicht verständlich in die zentralen Fragestellungen, Grundbegriffe sowie Forschungs- und Entwicklungsfelder ein. Die Lektüre schafft Orientierung und legt Grundlagen für erste Praxisversuche angehender Politiklehrer*innen.

Das Buch versteht sich als Begleiter auf dem Weg zur professionellen und reflektierten Politik-Lehrkraft.

ISBN 978-3-8252-6045-3, 224 S., € 19,90
PDF: ISBN 978-3-8385-6045-8, € 18,99

**Die Autoren**

Dr. Michael May ist Professor für Didaktik der Politik an der Friedrich-Schiller-Universiät Jena.

Dr. Marc Partetzke ist Professor für Politikdidaktik und Politische Bildung an der Stiftung Universität Hildesheim.

www.wochenschau-verlag.de www.twitter.com/Wochenschau_Ver